Der Wirtschaftsprüfer

Schriften aus dem Bereiche des deutschen Wirtschaftsprüfungswesens

Herausgegeben von

Dr. Otto Mönckmeier

Vorsitzender des Instituts der Wirtschaftsprüfer

Neue Folge Heft 4

Grundsätze der Bilanzierung von Pensionsverpflichtungen bei privaten Unternehmungen, insbesondere Aktiengesellschaften

Bearbeitet von

Wirtschaftsprüfer Dr. **Carl Wirtz**

Springer-Verlag Berlin Heidelberg GmbH 1938

ISBN 978-3-662-35400-1 ISBN 978-3-662-36228-0 (eBook)
DOI 10.1007/978-3-662-36228-0

Vorwort.

Als Heft 4 der Neuen Folge der Schriftenreihe „Der Wirtschaftsprüfer“ wird eine Abhandlung vorgelegt, die aus der Facharbeit des Instituts der Wirtschaftsprüfer hervorgegangen ist. Das Problem der Behandlung von Pensionsverpflichtungen in der Bilanz ist bereits in den Jahren 1932/33 vom Fachausschuß des Instituts aufgegriffen worden, weil die wirtschaftliche und soziale Bedeutung dieser Angelegenheit erkannt wurde und die bilanzrechtliche und betriebswirtschaftliche Klärung der bei näherem Zusehen sich ergebenden Fragen nicht zuletzt auch für die Pflichtprüfung dringlich erschien. Das damals erschienene Gutachten des Fachausschusses hat zu weitergehenden Erörterungen in der Wirtschaft, im Wirtschaftsprüferberuf und im Fachschrifttum geführt. Es hat dann mit der Zeit eine Neufassung seitens des Fachausschusses erfahren, die auch vom Großen Fachrat im Institut der Wirtschaftsprüfer beraten worden ist. Die Neufassung läßt in Ausnahmefällen eine Anpassung der Bilanzierung an besonders gelagerte Verhältnisse zu. In der grundsätzlichen Stellungnahme des Gutachtens jedoch hat auch die Beratung der Neufassung im Großen Fachrat eine Änderung nicht ergeben. Die bilanzrechtliche und betriebswirtschaftliche Seite des Problems der Bilanzierung von Pensionsverpflichtungen dürfte nunmehr endgültig geklärt sein. Möge die Arbeit des Fachausschusses, deren Ergebnis in der vorliegenden Schrift ihren Niederschlag findet, für die endgültige Klärung auch der noch ungelösten Probleme der Gefolgschaftsversorgung in sozialwirtschaftlicher, steuerlicher, versicherungstechnischer und rechtlich-organisatorischer Hinsicht sich als förderlich erweisen.

Berlin, den 31. Mai 1938.

Wirtschaftsprüfer Dr. B. Brockhage,
Vorsitzender des Allg. Fachausschusses des Instituts der Wirtschaftsprüfer.

Inhaltsverzeichnis.

Abkürzungen:

GdFA. = Gutachten des Fachausschusses des Instituts der Wirtschaftsprüfer.
IdW. = Institut der Wirtschaftsprüfer.
WP. = „Der Wirtschaftsprüfer“.
WT. = „Der Wirtschaftstreuhänder“.

A. Einleitung.

Das Problem der Passivierung von Pensionsverpflichtungen bei privaten Unternehmungen, insbesondere Aktiengesellschaften, ist durch den Fachausschuß des Instituts der Wirtschaftsprüfer zu Beginn seiner Tätigkeit im Jahre 1932 aufgegriffen worden. Im „Wirtschaftsprüfer" Nr. 14, 1933 wurde das im Anhang in seinem früheren Text abgedruckte Gutachten des Fachausschusses „Bilanzierung von Pensionslasten" veröffentlicht. Dieses Gutachten hat eine sehr lebhafte Erörterung in den Kreisen der Wirtschaft und des Wirtschaftsprüferberufs sowie im Fachschrifttum gefunden. Neben starker Zustimmung wurden auch häufig Bedenken gegen dieses Gutachten vorgebracht, die teilweise von falschen Ansichten über einen vermeintlichen allgemeinen Verbindlichkeitsanspruch der Fachgutachten ausgehen, zum Teil auch die in dem Fachgutachten selbst enthaltenen Beschränkungen auf die rein bilanzrechtliche Seite der Frage nicht genügend beachten und die schließlich aus den unbestreitbaren Schwierigkeiten einer Nachholung früher unterlassener Pensionsrückstellungen in Ausnahmefällen Gegengründe ableiten, die nichts mit der grundsätzlichen Entscheidung der hier behandelten Frage zu tun haben. Hierauf wird in Abschnitt II des zusammenfassenden Berichts von WP. Dr. C. Wirtz im Teil C (S. 33ff.) näher eingegangen.

Das Gutachten 13/1933 „Bilanzierung von Pensionslasten" wurde nach vorbereitenden Beratungen am 3. Juni 1937 nochmals im Großen Fachrat des Instituts der Wirtschaftsprüfer eingehend erörtert und überprüft. Zweck dieser Beratungen war insbesondere eine endgültige Erläuterung und Überarbeitung des Gutachtens und die Berücksichtigung von Sonderfällen. Auf die hierbei als Beratungsunterlage vorgelegten Berichte, insbesondere die vier Berichte über die Bilanzierung von Pensionsverpflichtungen in Teil C S. 9ff. wird verwiesen. Vorbereitung, Verlauf und Ergebnisse der Erörterungen im Großen Fachrat werden im Abschnitt B näher dargestellt.

Die Notwendigkeit einer Stellungnahme zur Bilanzierung von Pensionsverpflichtungen ergab sich daraus, daß vor allem in der Nachkriegszeit private Unternehmungen häufiger dazu übergingen, ihren Gefolgschaftsmitgliedern, insbesondere den leitenden Angestellten, rechtsverbindliche und unwiderrufliche Pensionszusagen zu machen. Da häufiger Fälle sich ereigneten, in denen mangels ausreichender Rückstellungen und Sicherungen für die Pensionszahlungen die Pensionsberechtigten erhebliche Benachteiligungen in Kauf nehmen mußten, war eine grundsätzliche Stellungnahme zu dieser Frage notwendig.

Das Fachgutachten aus dem Jahre 1933 hat sich hierbei allein auf die **bilanzrechtliche und betriebswirtschaftliche Seite** dieser Frage beschränkt. Bei den im Abschnitt B kurz dargestellten vorbereitenden Erörterungen für die nochmalige Überprüfung des Gutachtens wurden auch die sehr wichtigen anderen Zusammenhänge des Problems behandelt, und zwar die wirtschafts- und sozialpolitische Seite und die steuerrechtlichen Fragen, die auch in der vorliegenden Veröffentlichung mit je einem Bericht behandelt sind. Daneben ist auch die versicherungstechnische Behandlung von Pensionsrückstellungen in dem nachträglich beigefügten Anhang noch kurz erläutert. Während der steuerrechtliche Bericht die hier auftretenden Fragen noch verhältnismäßig erschöpfend behandelt[1], können die wirtschafts- und sozialpolitischen sowie die versicherungstechnischen Ausführungen nur einen Überblick über die sehr schwerwiegenden Probleme und Andeutungen für Lösungsmöglichkeiten bzw. stark vereinfachten Berechnungsmethoden geben. Die außerordentlich bedeutsame wirtschaftspolitische Grundfrage, ob und unter welchen Bedingungen Pensionszusagen privater Unternehmungen in rechtsverbindlicher, unwiderruflicher Form in der freien Wirtschaft (im Gegensatz zu den traditionellen Besoldungsgrundsätzen der pensionsberechtigten öffentlichen Beamten im Bereiche der öffentlichen Verwaltung und teilweise auch der öffentlichen Anstalten) empfehlenswert und richtig sind, konnte ebensowenig umfassend und erschöpfend behandelt werden wie die Frage, ob die Einschaltung besonderer Versicherungsträger (Pensionskassen, Gruppenversicherung u. ä.)[2] notwendig oder zweckmäßiger ist als die Eigendeckung solcher Verpflichtungen und Risiken durch private Unternehmungen selbst. Diese letzte außerordentlich wichtige Frage der finanziellen und organisatorischen Sicherung der Pensionszusagen durch entsprechende Rechtsformen der Verpflichtungs- bzw. Versicherungsträger wurde bei den vorbereitenden Beratungen für die Sitzungen des Großen Fachrats zwar am Rande miterörtert, sie ist aber in der vorliegenden Veröffentlichung überhaupt nicht mit einem eigenen Bericht behandelt.

Die vorliegende Veröffentlichung beschränkt sich also grundsätzlich auf die für den Wirtschaftsprüferberuf im Rahmen der Jahresabschlußprüfung wichtige Frage der Bilanzierung von unwiderruflichen, rechtsverbindlich übernommenen Pensionsverpflichtungen bei privaten Unternehmungen, d. h. auf Ruhegeldbezüge von Gefolgschaftsmitgliedern einschließlich von Gesellschaftsorganen und Betriebsführern und einschließlich deren Angehörigen als nachträgliches Entgelt für früher geleistete Dienste.

Aus der Erörterung auszuschalten sind alle freiwilligen, ohne Rechts-

---

[1] Ausgenommen jedoch die steuerliche Behandlung mehr oder weniger selbständiger Pensionskassen.

[2] Vgl. hierzu die im Anhang genannten Veröffentlichungen von **Skrodzki** und **Zeine**.

anspruch gewährten Pensions- oder Unterstützungszahlungen sowie alle Formen von sog. Pensionszusagen, bei denen nicht oder nicht allein frühere Dienstleistungen die wirtschaftliche Begründung darstellen. Hier ist z. B. an die Zusage von Gewinnbeteiligungen oder Renten an den früheren Inhaber im Zusammenhang mit einem Verkauf seines Unternehmens oder im Zusammenhang mit Altenteil- oder Erbauseinandersetzungen oder zur Abfindung von Konkurrenzklauseln u. ä. zu denken.

Die vorliegende Veröffentlichung enthält die persönlichen Meinungsäußerungen der verschiedenen Berichterstatter zu den von ihnen bearbeiteten Fragen. Auch die Erörterungen, im Großen Fachrat, als dem fachlichen Führungskreis im Wirtschaftsprüfungs- und Treuhandwesen, sind nur als der private Meinungsaustausch seiner Mitglieder anzusehen, die als besonders sachverständige Persönlichkeiten der einzelnen Bereiche von Wirtschaft, Recht und Verwaltung, nicht dagegen als offizielle Vertreter ihrer Dienststellen in den Fachrat berufen worden sind.

Die am Schlusse des Teiles B als Ergebnis der Beratungen im Großen Fachrat gebrachte Entschließung ist also ebenso wie die als Gesamtergebnis dieser Veröffentlichung im Anhang gebrachte Überarbeitung des früheren Fachgutachtens keine starre allgemeinverbindliche Richtlinie (oder gar Dienstanweisung, wozu das Institut der Wirtschaftsprüfer überhaupt keine Zuständigkeit hätte) an die Wirtschaftsprüfer, sondern nur eine Hilfe für die Beurteilung wirtschaftlicher Tatbestände und ihrer Bilanzierung. Beim Vorliegen von Pensionszusagen muß, wie es im Vorwort zur „Sammlung der Fachgutachten“[1] ausgeführt ist, jeder Wirtschaftsprüfer im Einzelfalle sorgfältig prüfen, „ob die grundsätzliche Regelung des Gutachtens für den betreffenden Fall, den er zu bearbeiten hat, Anwendung finden kann“. Im übrigen müssen die Gutachten notwendig allgemein vorkommende, normale wirtschaftliche Verhältnisse unterstellen, nicht dagegen können sie besonders gelagerte Ausnahmeverhältnisse zur Grundlage haben.

B. Vorbereitung, Verlauf und Ergebnisse der Erörterungen in der Sitzung des Großen Fachrates des Instituts der Wirtschaftsprüfer am 3. Juni 1937.

Die in den vorbereitenden Beratungen als Berichterstatter und in drei Sitzungen am 27. Januar, 5. März und 20. April 1937 an den mündlichen Erörterungen beteiligten Herren sind in der Einleitung zu dem zusammenfassenden Bericht S. 32 aufgeführt. An dieser Stelle sei für die bereitwillige Mitarbeit bei der Vorbereitung der Sitzung des Großen Fachrats nochmals der Dank ausgesprochen, insbesondere den beiden nicht dem

[1] Leipzig: Verlag G. H. Gloeckner, S. 4.

Wirtschaftsprüferberuf angehörenden Herrn Professor Dr. Riebesell, der als besonderer Sachkenner für Versicherungsfragen teilgenommen hat, und dem früheren Berufskollegen Direktor Dr. Gillessen, der als früherer Berichterstatter des Fachausschusses auch bei den Beratungen im Jahre 1937 mitwirkte. Die an den Vorbereitungen beteiligten Herren haben auch an der Sitzung des Großen Fachrates am 3. Juni 1937 teilgenommen.

In der Sitzung des Großen Fachrates des Instituts der Wirtschaftsprüfer am 3. Juni 1937 waren die diesem fachlichen Führerkreis angehörigen Mitglieder aus Partei, Verwaltung, Wirtschaft und Wirtschaftsprüferberuf fast vollzählig erschienen oder vertreten [1]). Neben Fragen der beruflichen Verschwiegenheitspflicht und Sonderfragen des neuen Aktienrechts wurde in dieser Sitzung hauptsächlich die Bilanzierung von Pensionsverpflichtungen in mehr als zweistündiger Aussprache auf Grund der vorgelegten Berichte sehr lebhaft erörtert.

Die Ergebnisse der vorbereitenden Beratungen sind in den Berichten im Teil C wiedergegeben, insbesondere in dem zusammenfassenden Bericht S. 32 ff. nebst den am Schluß gebrachten wahlweisen Entschließungsanträgen für die Beratungen im Großen Fachrat. Auf diese Berichte kann verwiesen werden.

Aus den Beratungen zur Vorbereitung der nochmaligen Erörterung

---

[1] Dem Großen Fachrat des Instituts der Wirtschaftsprüfer gehören an aus Partei, Verwaltung und Wirtschaft die Herren:
Dr. Buwert, stellvertr. Reichsgruppenwalter Wirtschaftsrechtler des NSRB.;
Dr. Erdmann, leitender Geschäftsführer der Reichswirtschaftskammer;
Generalkonsul Dr. Fischer, Leiter der Reichsgruppe Banken;
Min.-Rat Gebhardt, Reichsfinanzministerium;
Ob. Reg.-Rat a. D. Direktor Hilgard, Leiter der Reichsgruppe Versicherungen;
Senatspräsident Grünewald, Reichsfinanzhof;
Dipl.-Ing. Keppler, Leiter der Zentralstelle für die wirtschaftspolitischen Organisationen der NSDAP.;
Senatspräsident Kiesow, Reichsgericht;
Reg.-Rat Kohlbrügge, Reichskommissariat für das Kreditwesen;
Min.-Rat Dr. Loschelder, Reichsinnenministerium;
Min.-Dirigent Dr. Michel, Reichswirtschaftsministerium;
Geh. Reg.-Rat Mirre, Präsident des Reichsfinanzhofs;
Min.-Dirigent Quassowski, Reichsjustizministerium;
RA. Dr. Schwartz, Reichsgruppe Industrie;
Dr. Widmann, Präsident des Reichsaufsichtsamt für Privatversicherung;
Min.-Rat Dr. Woltering, Reichsverkehrsministerium.

Ferner aus dem Beruf die Herren:
Dr. Mönckmeier, Reichsgruppenwalter Wirtschaftsrechtler des NSRB. und Vorsitzender des IdW. (Vorsitzender des Großen Fachrats); Rechtsanw. Dr. Adler, Justitiar des IdW.
WP. Dr. van Aubel, WP. Dr. Beuck, WP. Dr. Bodenstein, WP. Dr. Brockhage, Dr. Buchholz (Geschäftsführer des IdW.), WP. Dr. Voigt, WP. Dr. Voß, WP. Wanieck, WP. Weyer, WP. Dr. Wirtz (Fachleiter des IdW.), WP. Dr. Zirwas.

und Überprüfung des Gutachtens 13/1933 mag hier nur erwähnt werden, daß sehr häufig die Notwendigkeit hervorgehoben wurde, die Frage der Pensionsverpflichtungen nicht isoliert zu betrachten. Ähnliche Bilanzierungsfragen ergeben sich auch für Garantieverpflichtungen und andere ungewisse Schulden, die als betagte und bedingte Verpflichtungen nicht mit absoluter Sicherheit und auch nicht in einer genau bestimmbaren Höhe feststehen, die aber mit einer gewissen Wahrscheinlichkeit und mit nur schätzungsweise zu ermittelnden Beträgen abgedeckt werden müssen. Neben branchenmäßigen Unterschieden ist hierbei auch zu berücksichtigen, daß für Privatunternehmungen die Bilanzierungsgrundsätze nicht ohne weiteres die gleichen sein können wie die Grundsätze für die Aufstellung der Jahresabschlüsse bei Anstalten oder Betrieben der öffentlichen Hand. Selbständige Pensionskassen stellen im übrigen, wie in den Erörterungen mehrfach betont wurde, die schärfste Form der Rückstellung bzw. Passivierung von Pensionsverpflichtungen verbunden mit einer rechtlichen und tatsächlichen Sicherung der Pensionsansprüche dar.

Im Rahmen der vorbereitenden Beratungen wurde an einen kleinen Kreis von Wirtschaftsprüfern und Wirtschaftsprüfungsgesellschaften eine Rundfrage gerichtet, um festzustellen, wieweit tatsächlich in den Bilanzen der prüfungspflichtigen Unternehmungen Pensionsrückstellungen bereits ausgewiesen sind. Diese Umfrage konnte ohne unverhältnismäßige Arbeitsbelastung natürlich nur in ganz groben Umrissen und in einem begrenzten Umfange Anhaltspunkte für die Beurteilung dieser Bilanzierungsfrage bringen. Gefragt wurde in dem Rundschreiben nach der Bilanzsumme, der Höhe der laufenden jährlichen Pensionszahlungen auf Grund vertraglicher oder gewohnheitsrechtlicher Verpflichtungen, nach der Höhe der in der Bilanz ausgewiesenen Pensionsrückstellungen sowie schließlich nach der Zahl der bereits pensionierten und noch tätigen Pensionsberechtigten.

Als Ergebnis dieser immerhin nur sehr begrenzten Rundfrage ergab sich, daß bei insgesamt 115 Unternehmungen rd. 50,2 Millionen Pensionsrückstellungen in den Bilanzen ausgewiesen wurden bei jährlich 6,2 Millionen Pensionszahlungen (hiervon 19 Betriebe der öffentlichen Hand). Bei weiteren 23 Unternehmungen waren rd. 11 Millionen Pensionsrückstellungen in den Bilanzen ausgewiesen bei rd. 4,4 Millionen laufenden Pensionszahlungen. Schließlich waren bei 30 Unternehmungen keine Pensionsrückstellungen ausgewiesen, obwohl die jährlichen Pensionszahlungen 8,8 Millionen betrugen; hiervon entfielen jedoch rd. 8 Millionen auf 11 Betriebe der öffentlichen Hand. Die Zahlen der Pensionsanwärter und der Pensionsempfänger waren nur sehr unvollständig angegeben, so daß hier eine Auswertung nicht stattfinden konnte.

Wenn auch eine Statistik stets nur begrenzte Ergebnisse vermittelt und wenn auch die Grundsätze ordnungsmäßiger Buchführung nicht ohne weiteres mit einer zwar weit verbreiteten, aber vielleicht doch nicht richtigen praktischen Übung gleichgesetzt werden dürfen, so zeigen doch diese immerhin nur begrenzten Feststellungen die praktische Bedeutung der Passivierung von Pensionsverpflichtungen in den Bilanzen privater Unternehmungen.

Zur Ableitung schlüssiger Beweise für die praktische Handhabung der Bilanzierung von Pensionsverpflichtungen wäre im übrigen, wie bereits gesagt, eine sehr eingehende Untersuchung notwendig gewesen, in der der Betrag der Effektiv-Rückstellungen zu den nach versicherungsmathematischen Grundsätzen berechneten Soll-Rückstellungsbeträgen in Beziehung gesetzt worden wäre, in der ferner die Art des für die versicherungsmathematischen Berechnungen zugrunde gelegten Verfahrens, schließlich die Zinssätze, die Zahlen der Pensionsempfänger und Pensionsanwärter im Verhältnis zur Gesamtgefolgschaft und endlich die Jahreszuweisungen zur Rückstellung im Verhältnis zu den Pensionszahlungen und den Gesamtzahlungen für Personalkosten ins Verhältnis gesetzt worden wären. Eine derartige umfangreiche Rundfrage wäre jedoch, abgesehen von dem unverhältnismäßigen Arbeitsaufwand, über die Zuständigkeit des Instituts der Wirtschaftsprüfer weit hinausgegangen.

In der Sitzung des Großen Fachrats wurde einleitend darauf hingewiesen, daß die Beratung und Veröffentlichung des Gutachtens 13/1933 „Bilanzierung von Pensionslasten" nunmehr vier Jahre zurückliege und daß die günstige wirtschaftliche Entwicklung seither der grundsätzlichen Anerkennung und Durchsetzung des Gutachtens förderlich gewesen sei. Wenn auch die Begründungen und Formulierungen des Gutachtens nicht immer besonders klar und glücklich gewesen seien, so sei es im Ergebnis doch weitgehend anerkannt. Schwierigkeiten ergäben sich nur, wenn eine Passivierungspflicht auch in Verlustjahren unterstellt und vor allem auch eine Nachholung früher unterlassener Rückstellungen verlangt werde, die u. U. Konkursnotwendigkeit nach sich ziehe. Die Bildung von Rückstellungen bzw. Verrechnung von Aufwendungen auch in Verlustjahren sei jedoch grundsätzlich kein Beweis gegen die Passivierungspflicht. Es sei noch gar nicht so lange her, daß sich die Erkenntnis von der Kostennatur, z. B. der Anlagenabschreibungen und damit von ihrer Verrechnungsnotwendigkeit auch in Verlustjahren, allgemein durchgesetzt habe.

Für die Beurteilung der Bilanzierung von Pensionsverpflichtungen sei die rechtliche Seite ausschlaggebend, die betriebswirtschaftlichen Gründe für eine Passivierung seien erst in zweiter Linie von Bedeutung. Die Frage einer richtigen Erfolgsermittlung und Kostenfeststellung sei hierbei nicht einmal so sehr der Kern des Problems als vielmehr die Vermögenserhaltung, da bei Nicht-Passivierung von Pensionslasten u. U. Vermögensteile zu Unrecht (als falsch ermittelter Gewinn) ausgeschüttet würden.

Trotz der erheblichen Einwendungen, daß auch Schulden, insbesondere solche besonderer Art, z. B. betagte, bedingte, unverzinsliche oder ungewisse Schulden, einer Bewertung und Schätzung ihrer Wahrscheinlichkeit für die Entscheidung ihrer Bilanzierungsnotwendigkeit und für die Beurteilung der Höhe ihres Bilanzansatzes unterliegen (vgl. in diesem Zusammenhang auch die im Bericht C a 1 erwähnte Entscheidung des Reichsgerichts Bd. 120 S. 367, nach der ungewisse, aber mit großer Wahrscheinlichkeit abzudeckende Schulden bilanziert werden müssen, oder auch § 131 B IV AktG., der ausdrücklich Rückstellungen für ungewisse Schulden vorsieht), wurde in der Aussprache eine unmittelbare Anwendungsmöglichkeit des im § 40 HGB. enthaltenen Schuldenbegriffs auf Pensionsverpflichtungen verneint. Die weitere Frage, ob nach den Grundsätzen ordnungsmäßiger Buchführung Pensionsverpflichtungen solche wahrscheinlichen oder ungewissen Verpflichtungen darstellen, die durch entsprechende Rückstellungen auf der Passivseite der Bilanz erfaßt werden müssen, wurde zwar im Grundsatz bei Vorliegen entsprechend klarer rechtsverbindlicher Zusagen nach dem heutigen Stande der Erkenntnis in Bilanzierungsfragen bejaht, ob hieraus jedoch bereits heute ein anerkannter Grundsatz ordnungsmäßiger Buchführung und damit eine allgemein verbindliche Verpflichtung zur Passivierung von Pensionsverpflichtungen abgeleitet werden könne, wurde als fraglich angesehen. Insbesondere sei auch eine Nicht-Passivierung von Pensionsverpflichtungen nicht ohne weiteres als Konkursvergehen anzusehen, da bei der bisherigen Ungewißheit in dieser Frage dem Gemeinschuldner jedenfalls ein strafrechtlich erhebliches subjektives Verschulden nicht nachgewiesen werden könne.

Besonders hervorgehoben wurde in der Aussprache, daß auch der aus fiskalischen Gründen in der Beurteilung von Rückstellungsnotwendigkeiten besonders zurückhaltende Reichsfinanzhof die betriebswirtschaftliche Begründung für die Passivierung von Pensionsverpflichtungen grundsätzlich und in vollem Umfange anerkenne. Für neu übernommene Verpflichtungen und die entsprechenden laufenden Rückstellungen seien weder steuerlich noch handelsrechtlich irgendwelche Schwierigkeiten und auch keine schwerwiegenden Zweifel an der Passivierungspflicht mehr vorhanden. Daß der Reichsfinanzhof eine Nachholung früher unterlassener Rückstellungen ablehne, sei eine steuerliche Besonderheit, die z. B. auch bei Anlageabschreibungen gelte, deren Aufwandcharakter und damit laufende Verrechnungsnotwendigkeit unbestritten sei. Rückschauend auf die Fortschritte der Erkenntnis in Bilanzierungsfragen, die z. B. auch bei den Abschreibungen noch gar nicht so lange zurückliegen, wurde festgestellt, daß nach Ablauf einiger weiterer Jahre mit größter Wahrscheinlichkeit auch der Konkurs-Strafrichter Pensionsverpflichtungen jüngeren Datums ohne weiteres unter die bilanzpflichtigen ungewissen Schulden rechnen würde.

Diese Feststellung beziehe sich auf die Gegenwart und auf die Zukunft, wobei die Frage der Berechnungsmethode für die Rückstellungen, wie auch bereits in dem Gutachten, offenbleibt. Für die Vergangenheit müsse man mit Rücksicht auf die bisherige Unsicherheit in der Beurteilung dieser Frage sowie mit Rücksicht auf die häufig bestehenden wirtschaftlichen Schwierigkeiten einer nachträglichen Bilanzbereinigung Ausnahmen von diesem Grundsatz zulassen.

Als Ergebnis der Aussprache ergab sich folgende Lösung der Frage:

„Die Passivierungspflicht von unkündbaren und unwiderruflichen Pensionszusagen eines Privatunternehmens gegenüber Angehörigen seiner Gefolgschaft oder Organen des Unternehmens ergibt sich nicht unmittelbar aus dem Wortlaut des Gesetzes, sie ergibt sich jedoch aus den im Gesetz als Generalregel genannten Grundsätzen ordnungsmäßiger Buchführung und Bilanzierung, weil die Notwendigkeit der Passivierung laufender Pensionsverpflichtungen in der begründeten Praxis sorgfältiger Wirtschaftsunternehmen grundsätzlich und allgemein bejaht wird. Die Entscheidung über die zur Errechnung der Pensionsrückstellungen anzuwendenden Methoden bleibt (wie auch schon in dem Gutachten 13/33) offen, d. h. dem pflichtgemäßen Ermessen unter Berücksichtigung aller Voraussetzungen und Zusammenhänge des Einzelfalls vorbehalten. Bei früher übernommenen und nicht durch Bilanzrückstellungen gedeckten Pensionsverpflichtungen kann bei schwerwiegenden wirtschaftlichen Bedenken im Einzelfalle von diesen Grundsätzen abgewichen werden, wenn der gänzliche oder teilweise Verzicht auf die Passivierung unter Hinweis auf den geschätzten Fehlbetrag der Rückstellungen im Geschäftsbericht erwähnt wird.“[1]

Das bedeutet: Für die Gegenwart und die Zukunft wird die Passivierungspflicht bejaht bzw. ein entsprechender Grundsatz ordnungsmäßiger Buchführung als in der Entwicklung der letzten Jahre entstanden angenommen[2]. Für die Vergangenheit dagegen bzw. für die Nachholung früher unterlassener Rückstellungen wird bei schwerwiegenden wirtschaftlichen Bedenken im Einzelfalle an Stelle der Passivierungspflicht eine Publizitätspflicht durch entsprechende Mitteilungen im Geschäftsbericht angenommen.

Feststellungen zu den Grundsätzen ordnungsmäßiger Buchführung können im übrigen nicht von besonders gelagerten Ausnahmeverhältnissen ausgehen, sondern müssen normale wirtschaftliche Tatbestände zugrunde legen. Die Fachgutachten des Instituts der Wirtschaftsprüfer betreffen in erster Linie Aktiengesellschaften, die vor allem von den seit 1931 eingeführten Pflichtprüfungen der Jahresabschlüsse erfaßt werden; gerade an diese Gesellschaften werden aber wegen der anonymen Kapitalaufbringung hinsichtlich der Bilanzierung und der Publizität erhöhte Anforderungen gestellt. Bei besonders gelagerten Ausnahmeverhältnissen

---

[1] Auf Grund mehrfacher, inzwischen aus Berufskreisen eingegangener Anfragen sei erläuternd bemerkt, daß hier nicht unter allen Umständen der versicherungsmathematisch kapitalisierte Rückstellungsbetrag zahlenmäßig aufgeführt werden muß. Es genügen u. U. auch Angaben über die Zahl der Pensionsempfänger, der Pensionsanwärter, die jährlich bereits geleisteten Zahlungen, etwaige Teil-Rückstellungen u. ä., die gewisse Anhaltspunkte für die Beurteilung des Fehlbetrags bieten (vgl. hierzu § 128 Abs. 2, Ziff. 7 Akt. G.).

[2] In diesem Zusammenhang ist auch auf die im Anhang (Nr. 3) abgedruckte Stellungnahme des Reichsaufsichtsamtes für Privatversicherung hinzuweisen.

ist im übrigen stets zu prüfen, ob sie unter die allgemein ermittelten Regeln gebracht werden können. U. U. muß hier von Fall zu Fall entschieden werden, welche Art der Bilanzierung rechtlich und wirtschaftlich vertretbar ist.

C. Die zur Vorbereitung der Aussprache im Großen Fachrat vorgelegten Berichte.

a) Über die Bilanzierung von Pensionsverpflichtungen.

1. Sind Pensionsverpflichtungen Schulden im Sinne der §§ 39, 40 HGB.? Entspricht die Passivierung von Pensionsverpflichtungen den Grundsätzen ordnungsmäßiger Buchführung?

Von Dr. Hans Adler, Rechtsanwalt und Notar, Berlin, Justitiar des Instituts der Wirtschaftsprüfer.

I. Vorbemerkung.

Das Fachausschußgutachten des Instituts der Wirtschaftsprüfer über die Passivierung von Pensionsverpflichtungen (vgl. GdFA. 13/33 in WP. 33 S. 273) hat Widerspruch gefunden. Trotz eines Urteils des Reichsfinanzhofes, der einen Zwang zur Passivierung von Pensionsverpflichtungen abgelehnt hat, hat sich der Fachausschuß in einem offiziösen Artikel von Susat (vgl. WT. 35 S. 73) auf den Standpunkt gestellt, daß eine Passivierungspflicht besteht. Begründet ist die Passivierungspflicht insbesondere damit, daß Pensionsverpflichtungen betagte und bedingte Schulden im Sinne der §§ 39, 40 HGB. seien und daß daher überhaupt kein Raum für die Anwendung der Grundsätze ordnungsmäßiger Bilanzierung bestehe. Diese könnten nur dann Anwendung finden, wenn keine ausdrücklichen gesetzlichen Vorschriften bestehen.

Eine erneute Erörterung hat jedoch Zweifel ergeben, ob diese Auffassung rechtlich haltbar ist.

II. Pensionsverpflichtungen als zivilrechtliche Schuld.

Es erhebt sich also die Vorfrage, ob unbedingte, unkündbare und unwiderrufliche Pensionsverbindlichkeiten im zivilrechtlichen Sinne als Schulden anzusehen sind. Nur um diese Art von Pensionsverbindlichkeiten handelt es sich hier. Man wird diese Frage grundsätzlich bejahen müssen. Die Gesamtvergütung besteht, wenn eine Pensionsvereinbarung vorliegt, zu einem Teil in periodisch zu zahlendem Arbeitseinkommen (Gehalt, Lohn), zu einem anderen Teil in evtl. anfallendem Ruhegehalt. Für das Unternehmen ist das später zu zahlende Ruhegehalt nichts anderes als eine zusätzliche Gehaltszahlung. In jedem Fall ist das Ruhegehalt eine Gegenleistung aus Dienstvertrag. Das wird auch von dem Reichsgericht in ständiger Rechtsprechung vertreten (vgl. RG. Bd. 72 S. 192, Bd. 75

S. 327). Pensionsverpflichtungen sind demgemäß aufschiebend bedingte Schulden (§ 158 BGB.). Die Zahlungsverpflichtung entsteht erst dann, wenn der Pensionsfall eintritt.

III. Pensionsverpflichtungen als bilanzrechtliche Schuld, und die Grundsätze ordnungsmäßiger Buchführung.

Die Feststellung, daß im zivilrechtlichen Sinne eine auflösend bedingte Schuld vorliegt, genügt jedoch nicht, um die Passivierungspflicht gemäß §§ 39, 40 HGB. ohne weiteres bejahen zu können. Das Gesetz gibt darüber keine Auskunft, was im bilanzrechtlichen Sinne unter Schulden zu verstehen ist. Es genügt nicht, daß eine Schuldverpflichtung im zivilrechtlichen Sinne vorliegt. Man muß die weitergehende Feststellung treffen, daß eine passivierungspflichtige Schuld vorliegt.

Nicht alle zivilrechtlichen Schuldverpflichtungen sind ohne weiteres passivierungspflichtig. Forderungen und Schulden im bilanzrechtlichen Sinne und im zivilrechtlichen Sinne sind nicht identisch. So brauchen z. B. Verpflichtungen zur evtl. Entrichtung einer Vertragsstrafe oder Verpflichtungen aus gegenseitigen, beiderseits noch nicht erfüllten Verträgen in der Regel nicht passiviert zu werden, trotzdem eine zivilrechtliche Schuld vorliegt. Andererseits gibt es die Passivierung der sog. „Aufwandsrückstellungen", auf welche der zivilrechtliche Schuldbegriff nicht zutrifft. Dennoch muß man davon ausgehen, daß Schulden im zivilrechtlichen Sinne regelmäßig auch Schulden im bilanzrechtlichen Sinne sind und daß daher ihre Passivierung zu erfolgen hat. Es besteht die Vermutung, daß eine Passivierung zu erfolgen hat, sobald eine Vermögensbelastung vorliegt. Entscheidend dafür, ob eine Schuld zu passivieren ist oder nicht, sind die Grundsätze ordnungsmäßiger Buchführung (§ 38 Abs. 1 HGB. und § 129 Abs. 1 AktG.).

Das ergibt sich aus der Tatsache, daß in vielen Fällen trotz Vorliegens einer Schuld nach den Grundsätzen ordnungsmäßiger Buchführung eine Passivierung nicht erforderlich ist. Das gilt z. B. für die Bilanzierung von Verpflichtungen, die nur aus dem Reingewinn zu tilgen sind, von schwebenden Geschäften, bei welchen von keiner Seite mit der Erfüllung begonnen ist, schließlich von Bürgschaftsverpflichtungen, denen ein gleichwertiger Rückgriffsanspruch gegenübersteht. In den beiden letzten Fällen ist jedoch, falls Verluste drohen, dieser Tatsache durch Rückstellung Rechnung zu tragen (vgl. RGZ. Bd. 80 S. 330ff.).

Es entscheiden also letzten Endes die Grundsätze ordnungsmäßiger Buchführung, ob und in welchem Umfange Pensionsverpflichtungen zu passivieren sind. Ein Grundsatz ordnungsmäßiger Buchführung liegt dann vor, wenn nach guter kaufmännischer Auffassung eine Bilanz, bei der abweichend verfahren wird, ordnungswidrig ist (vgl. Schlegelberger-Quassowski, AktG. § 129 Anm. 1).

Wichtige Erkenntnisquellen für das Vorliegen eines Grundsatzes ordnungsmäßiger Buchführung sind außer der Bilanzierungspraxis ehrenwerter und ordentlicher Kaufleute die Rechtsprechung sowie das betriebswirtschaftliche und rechtliche Schrifttum.

IV. Schrifttum und Rechtsprechung.

Über die Bilanzierung von Pensionsverpflichtungen besteht in der Bilanzlehre keine einheitliche Auffassung. Die Bilanzschriftsteller vertreten überwiegend die Auffassung, daß Pensionsverpflichtungen passivierungspflichtige Schulden sind. Es wird jedoch auch die Meinung vertreten, daß eine passivierungspflichtige Schuld erst dann vorliegt, wenn die Pensionsverpflichtungen verwirklicht sind, also der Pensionsfall eingetreten ist (vgl. hierüber Krause, Grundsätze ordnungsmäßiger Bilanzierung für Pensionsverpflichtungen S. 26ff.).

Von besonderem Interesse ist die Entscheidung des Reichsgerichts in RGZ. Bd. 120 S. 367, wo folgendes ausgeführt ist:

„Von den Verbindlichkeiten müssen die bis zum Stichtag nach Grund und Betrag feststehenden Schulden in die Bilanz aufgenommen werden. Schulden, deren Entstehung nach allgemeinen geschäftlichen Erfahrungen, sei es auch nur in gewisser Durchschnittshöhe, sicher oder höchstwahrscheinlich ist, müssen mit dem Schätzungswert angesetzt werden. Übergangen werden dürfen solche Schulden nicht. Die Übergehung wäre nach kaufmännischen Grundsätzen eine schlechthin nicht zu rechtfertigende Bilanzierungsmaßnahme."

Das Oberlandesgericht Hamburg hat sich in einer Entscheidung, abgedruckt in WT. 36 S. 412, für die Passivierungspflicht von Pensionsverpflichtungen ausgesprochen. Es folgt ohne weiteres dem vorerwähnten Fachausschußgutachten (GdFA. 13/33 in WP. 33 S. 273).

Der Reichsfinanzhof will bei Pensionsverpflichtungen ein Passivierungsrecht, aber keine Passivierungspflicht anerkennen (RStBl. 34 S. 1121).

Einen gewissen Anhalt gibt auch die Vorschrift des § 131 B IV des Aktiengesetzes, wonach in der Bilanz Rückstellungen für ungewisse Schulden aufzunehmen sind. Zwar handelt es sich dabei um eine Bestimmung über die Gliederung der Bilanz, die jedoch trotzdem zur Auslegung des Begriffs der passivierungspflichtigen Schulden herangezogen werden kann. Rückstellungen für ungewisse Schulden gehören zu den gemäß §§ 39, 40 HGB. passivierungspflichtigen Schulden. Das Gesetz hat hier unmittelbar zum Ausdruck gebracht, daß eine aufschiebend bedingte Schuld, die begrifflich zu den ungewissen Schulden gehört, zu passivieren ist.

Auf Grund der vorstehenden Ausführungen ergibt sich bereits, daß in Schrifttum und Rechtsprechung die Stimmen für die Passivierungspflicht überwiegen. Insbesondere das Reichsgericht verlangt, daß Schulden, die nach allgemeinen wirtschaftlichen Erfahrungen mit einer gewissen Wahrscheinlichkeit entstehen, mit ihrem Schätzungswert passiviert werden müssen. Diese Voraussetzungen liegen bei Pensionsverpflichtungen vor. Jede Unternehmung, die solche Verpflichtungen übernommen hat, muß nach den Erfahrungen des täglichen Lebens mit einer Inanspruchnahme rechnen. Einem derartigen Risiko ist daher durch Einsetzung eines Rückstellungspostens in die Bilanz Rechnung zu tragen.

V. Bilanzierungspraxis bei Pensionsverpflichtungen.

Auch in der Praxis hat sich bereits die kaufmännische Auffassung durchgesetzt, daß Pensionsverpflichtungen in der Bilanz zu berücksichtigen sind. In der Vorkriegszeit hat es bei Privatunternehmungen kaum Pensionsverpflichtungen gegeben. Soweit Zusagen abgegeben waren, wurde in der Regel die Bildung besonderer Pensionskassen mit rechtlicher Selbständigkeit gewählt, die stärkste Form einer Sicherung der Pensionsberechtigten.

In weiterem Umfange ist die Übernahme von Pensionsverpflichtungen durch Privatunternehmungen erst nach der Inflation erfolgt. Die um ihre Ersparnisse und ihr Vermögen gebrachten leitenden Persönlichkeiten der Unternehmungen erstrebten auf diese Weise durch Pensionszusagen eine Sicherstellung, trotzdem nach der Kapitalkraft der Unternehmungen diese Maßnahme häufig kaum zu vertreten war. Man unterließ es daher oft, diese Verpflichtungen in der Bilanz zu berücksichtigen. Diese Praxis ist jedoch keinesfalls Allgemeingut der Wirtschaft geworden. Es läßt sich nicht die Feststellung treffen, daß die Unterlassung der Passivierung seinerzeit der einheitlichen Anschauung und dem Empfinden ordentlicher und ehrenwerter Kaufleute entsprochen hat.

Das vorerwähnte Fachausschußgutachten des Instituts der Wirtschaftsprüfer hat nicht, wie bisweilen behauptet wird, in die Praxis eingegriffen, und versucht, einen neuen Grundsatz ordnungsmäßiger Buchführung aufzustellen. Es hat vielmehr nur klargestellt, was der Übung der soliden Praxis entsprach. In der Folgezeit ist dann auch festzustellen, daß sich in der Praxis weitestgehend die Passivierung durchgesetzt hat, die allein dem Grundsatz der kaufmännischen Vorsicht entspricht.

Nicht zu verkennen ist allerdings, daß in einigen Wirtschaftszweigen, die einer Sondergesetzgebung unterliegen (z. B. bei Eisenbahnunternehmungen, Kommunalunternehmungen), auch in früheren Zeiten eine andere Praxis Platz gegriffen hatte und von einer Passivierung von Pensionsverpflichtungen häufig abgesehen worden ist. Die wirtschaftliche Eigenart dieser kameralistisch beeinflußten Betriebe erklärt jene von der herrschenden Meinung abweichende Handhabung. Diese Ausnahmefälle können jedoch niemals dazu führen, den bestehenden Grundsatz für die Passivierungspflicht außer Kraft zu setzen.

VI. Die betriebswirtschaftliche Begründung der Passivierung.

Darauf hinzuweisen ist noch, daß die von der Betriebswirtschaftslehre entwickelten Grundsätze einer ordnungsmäßigen Vermögens- und Erfolgsrechnung unbedingt für die Passivierung von Pensionsverpflichtungen sprechen. Es kann insoweit in vollem Umfange auf das Gutachten von Dr. Gillessen, „Die Passivierung von Pensionsverpflichtungen — eine betriebswirtschaftliche Notwendigkeit“ verwiesen werden, der den Passivierungszwang aus wirtschaftlichen Gründen einwandfrei bewiesen hat.

VII. Zusammenfassung.

Zusammenfassend muß also festgestellt werden, daß es den Gepflogenheiten ehrenwerter und ordentlicher Kaufleute entspricht, im Falle des Vorhandenseins von rechtsverbindlichen, unwiderruflichen Pensionsverpflichtungen dieser Tatsache durch die Einsetzung eines angemessenen Rückstellungspostens in die Bilanz Rechnung zu tragen. Das schließt nicht aus, daß im Einzelfalle aus besonderen wirtschaftlichen Gründen von einer Passivierung Abstand genommen werden kann.

2. Die Passivierung von Pensionsverpflichtungen — eine betriebswirtschaftliche Notwendigkeit.

Von Direktor Dr. Hans Gillessen, Leipzig.

I. Vorbemerkung.

Unter Pensionsverpflichtungen sollen hier unbedingte Pensionszusagen verstanden werden. Solange der Pensionsfall noch nicht eingetreten ist, haben die Pensionsansprüche den Charakter von Anwartschaften. Zuweilen wird bei der Erörterung unserer Frage ein Unterschied gemacht zwischen den Pensionsanwartschaften, d. h. also zwischen den Ansprüchen vor Eintritt des Pensionsfalles und den Pensionsverpflichtungen nach Eintritt des Pensionsfalles. Während die Notwendigkeit der Passivierung bei den Pensionsanwartschaften heute noch häufig verneint wird, kommt dies bei den Pensionsverpflichtungen nach Eintritt des Pensionsfalles nur noch ausnahmsweise vor. Immerhin besteht aber auch im letztgenannten Falle noch keine absolute Einheitlichkeit. Wir vertreten die Ansicht, daß schon die Pensionsanwartschaften und natürlich erst recht die Pensionsverpflichtungen nach Eintritt des Pensionsfalles passiviert werden müssen. Wir brauchen daher bei den folgenden Untersuchungen keinen Unterschied zu machen; wenn wir von Pensionsverpflichtungen sprechen, so sind damit sowohl die Pensionsanwartschaften als auch die Pensionsansprüche nach Eintritt des Pensionsfalles gemeint.

II. Die grundsätzliche Frage.

1. Ohne Pensionsrückstellungen keine richtige Erfolgsrechnung. Die Schwierigkeit der periodischen Gewinnrechnung im Gegensatz zur Totalgewinnrechnung (für die gesamte Lebensdauer eines Betriebes) besteht in der richtigen Erfassung und periodischen Abgrenzung von Aufwand und Ertrag. Diese Schwierigkeit wird insbesondere dadurch hervorgerufen, daß Aufwand und Ertrag auf der einen Seite und Einnahmen und Ausgaben auf der anderen Seite zeitlich auseinanderklaffen, und zwar liegen zwischen Aufwand und Ausgaben bzw. zwischen Ertrag und Einnahmen manchmal Jahrzehnte. Die negativen Erfolgskomponenten haben aber im Zeitpunkt des Aufwandes, d. h. im Zeitpunkt des Verbrauchs durch den Betrieb und nicht zur Zeit der Bezahlung des Verbrauchs durch den Betrieb in der Gewinnrechnung zu erscheinen, die positiven Erfolgskomponenten im Zeitpunkt der Leistung durch den Betrieb, nicht im Zeitpunkt der Einnahmen des Betriebs für diese Leistung.

Die Pensionszusagen stellen einen Teil des Arbeitsentgelts dar neben den laufend gezahlten Entgelten (Gehältern und Löhnen). Die Arbeitsleistung des Angestellten und Arbeiters ist der Aufwand für den Betrieb. Er ist mit den gesamten dafür zu zahlenden Entgelten im Zeitpunkt der Arbeitsleistungen in der Gewinnrechnung zu erfassen, nicht in dem Zeitpunkt, in dem diese Leistungen bezahlt werden.

Die Pensionszusage ist nur eine besondere Form der Gehalts- oder Lohnzahlung und materiell von dieser nicht verschieden. Man könnte sich einmal vorstellen, daß ein vermögender Angestellter seine Gehaltsansprüche dem Betrieb auf einen längeren Zeitraum stundet. Es würde wohl niemand auf den Gedanken kommen, die von dem Betrieb an den Angestellten geschuldeten Gehälter nicht in jedem Jahr zu passivieren und erst im Zeitpunkt ihrer Bezahlung in der Gewinn- und Verlustrechnung zu erfassen. Pensionszusagen dürfen in bezug auf den Zeitpunkt der Erfassung nicht anders behandelt werden als Lohn- und Gehaltszahlungen. Eine andere Behandlung führt zu falschen Gewinn- und Verlustrechnungen, d. h. zu einer Entlastung der Jahre, während deren die Pensionsberechtigten tätig sind und damit ihre spätere Pension verdienen, auf Kosten der Jahre, während deren sie ihre Pension beziehen.

Wenn sich die Gesamtheit der Pensionsberechtigten der Zahl, der Alterszusammensetzung und der Höhe der Pension nach nicht wesentlich verändert, so decken sich zwar nach einer gewissen Anlaufzeit ungefähr Aufwand und Ausgaben für Pensionen, so daß die Belastung der Gewinn- und Verlustrechnung mit Pensionsrückstellungen und Zinsen für den Pensionsfonds ungefähr der Höhe der laufenden Pensionszahlungen entspricht. Doch ist diese Voraussetzung bei keinem Betrieb während der Anlaufszeit gegeben und nur bei sehr wenigen Betrieben während des späteren Verlaufs. Wollte man aus diesem Grunde Pensionsrückstellungen unterlassen (dieser Gedanke kehrt bei den Gegnern der Pensionsrückstellungen häufig wieder), so könnte man mit gleichem Recht auch die bilanzmäßige Erfassung von Anlagen, Vorräten, Warenforderungen und Warenschulden unterlassen, wenn man auch bei diesen annehmen kann, daß sie von Jahr zu Jahr annähernd gleich bleiben — ein Fall, der ebensogut denkbar ist. Auf diesen Gedanken ist aber bisher noch niemand gekommen. Das geht ja auch schon deshalb nicht, weil man nie die zukünftige Entwicklung übersehen kann. Man kennt nur den Stand der Anlagen, Vorräte, Außenstände, Lieferantenschulden und Pensionsverpflichtungen in der Vergangenheit und in der Gegenwart und kann nicht übersehen, ob sich diese Posten nicht schon in allernächster Zukunft verändern werden.

(Unserer Ansicht nach sind Pensionsrückstellungen auch bei Vorliegen dieser Voraussetzungen erforderlich, doch ist das keine Frage der richtigen Gewinn- und Verlustrechnung, sondern eine Frage der richtigen Bilanzierung, worauf an dieser Stelle noch nicht einzugehen ist.)

Der hier gewählte Vergleich mag für manchen Leser absurd klingen — er ist es aber nicht. Zwischen beiden Fällen besteht tatsächlich kein materieller Unterschied.

Gegen den Übergang zu einer richtigen Behandlung der Pensionsverpflichtungen im Rechnungswesen ist manchmal auch eingewendet worden, daß die Nachholung von früher unterlassenen Pensionsrückstellungen zu einer übermäßigen Belastung der Gewinn- und Verlustrechnungen weniger Jahre führe und insofern die Erfolgsrechnung dieser Jahre erheblich störe. Das ist zweifellos richtig, läßt sich aber beim besten Willen nicht ändern. Die Korrektur von früher begangenen Fehlern ist immer eine bittere Sache — das gilt nicht nur für das Rechnungswesen. Soll man aber einen einmal begangenen Fehler bis in alle Ewigkeit hinein immer wieder aufs neue machen, nur um den Schwierigkeiten der Übergangszeit aus dem Wege zu gehen?

2. Ohne Pensionsrückstellungen keine richtige Bilanz. Es muß hier einleitend kurz auf den Gegensatz zwischen dynamischer und statischer Bilanzauffassung eingegangen werden. Die dynamische Bilanzauffassung betont den Primat der Erfolgsrechnung und sieht die Bilanz nur mehr als Hilfsrechnung der Erfolgsrechnung an; für sie ist die Bilanz grundsätzlich keine Vermögensrechnung und spiegelt nicht den Zeitwert des Betriebes und der in ihm zusammengefaßten positiven und negativen Werte wider.

Die Gegner der Pensionsrückstellungen knüpfen — ohne ausdrückliche Bezugnahme — gern an diese These an und betonen, daß eben die Bilanz nicht geeignet sei, Vermögen und Schulden bzw. die wirkliche Lage des Unternehmens wertmäßig richtig darzustellen. Es sei deshalb auch kein wesentlicher Nachteil, wenn die Pensionsverpflichtungen nicht in der Bilanz erschienen. Es muß hier mit aller Deutlichkeit betont werden, daß unsere Forderung nach Passivierung der Pensionsverpflichtungen nicht etwa Ausfluß einer rein statischen Bilanzauffassung ist und sich sehr wohl mit der dynamischen Bilanzauffassung verträgt; im Gegenteil, die Passivierung der Pensionsverpflichtungen muß vom Standpunkt der dynamischen Bilanzauffassung unbedingt gefordert werden, denn ohne die Passivierung der

Pensionsverpflichtungen ist ja, wie wir oben gezeigt haben, eine ordnungsmäßige periodische Gewinnrechnung nicht möglich, und die Dynamiker legen ja gerade auf die Richtigkeit der Gewinnermittlung besonderen Wert. Sie lehnen die vermögensmäßige Bilanzdarstellung nur insoweit ab, als sie sich mit ihrer Forderung nach richtiger Gewinnermittlung nicht verträgt. Diese letztere Voraussetzung ist aber bei den Pensionsrückstellungen glücklicherweise nicht gegeben: sowohl die Vertreter einer dynamischen als auch die einer statischen Bilanzauffassung müssen die Passivierung von Pensionsverpflichtungen nur begrüßen; sie dient sowohl der richtigen Gewinnrechnung als auch der richtigen Vermögensdarstellung.

Nur insoweit, als eine richtige Vermögensbewertung in der Bilanz die Erfolgsrechnung stören würde, könnte ihre Vernachlässigung zugunsten einer besseren Erfolgsrechnung in Erwägung gezogen werden. Da diese Voraussetzung nicht gegeben ist, muß man — gleichgültig, welche Bilanzauffassung man auch vertreten mag — die Passivierung der Pensionsverpflichtungen im Interesse einer richtigen Bilanzierung fordern. Die Bilanz ist eben insoweit voll und ganz Status, als die Erfolgsrechnung dadurch nicht gestört wird!

Daß — insbesondere bei einer kleinen Zahl von Pensionsberechtigten — die Ermittlung der erforderlichen Pensionsrückstellungen sehr schwierig und die Rechnung unsicher ist, rechtfertigt keine Unterlassung der Rückstellungen. In der Bemessung anderer Rückstellungen, deren Notwendigkeit von niemand bestritten wird, ist man oft noch unsicherer. Es sei hier nur hingewiesen auf Rückstellungen für unsichere Prozesse, Garantieverpflichtungen und schwebende Geschäfte, bei denen mit der Möglichkeit einer Inanspruchnahme bzw. eines Verlustes gerechnet werden muß.

Ob man die Pensionsverpflichtungen als „Schulden" ansieht oder nicht (unseres Erachtens kann der Schuldcharakter — es handelt sich um betagte und bedingte Schulden — nicht bestritten werden), ist für die Bilanzierung völlig unerheblich. Es handelt sich — ebenso wie bei den oben genannten Garantieverbindlichkeiten, Prozeß-Risiken und Verlusten aus schwebenden Geschäften — um Risiken und Verluste, deren Verursachung in der Vergangenheit liegt. Derartige Risiken und Verluste sind im Interesse einer richtigen Bilanzierung grundsätzlich zu passivieren.

Exkurs: Die Passivierung dieser Risiken und Verluste gehört zu den Grundsätzen ordnungsmäßiger Buchführung. Nur in dieser allgemeinen Form ist dieser spezielle Grundsatz ordnungsmäßiger Buchführung vorhanden. Es geht unseres Erachtens nicht an, diesen Grundsatz nun in eine Fülle von Teil-Grundsätzen zu zerlegen, wobei die Dinge nicht nach ihrem wahren Charakter, sondern nach ihrer rein äußerlichen Erscheinungsform unterschieden werden. Nur wenn man diesen Fehler macht, kann man zu der Ansicht kommen, daß eine Garantieleistung des Betriebes, die wahrscheinlich zu einer Inanspruchnahme führt, passiviert werden muß, während eine gegebene Pensionszusage, die mit gleicher Wahrscheinlichkeit zu einer Inanspruchnahme führt, nach den Grundsätzen ordnungsmäßiger Buchführung nicht passiviert zu werden braucht. Wenn es bei den Grundsätzen ordnungsmäßiger Buchführung auf solche Äußerlichkeiten ankäme, dann wären sie tatsächlich recht unsinnig und nicht wert, in Gesetzen verankert zu werden.

Derartige, in der Vergangenheit verursachte Risiken sind nach den Grundsätzen ordnungsmäßiger Buchführung zu passivieren. Ob der praktische Kaufmann in der Vergangenheit diese Risiken in ihren einzelnen Erscheinungsformen in ihrem wirklichen Charakter erkannt hat, ist dabei unerheblich. Es treten ja täglich neue Variationen derartiger Risiken auf. Soll man nun in jedem einzelnen Falle zunächst darauf warten, bis die Kaufleute einige Jahrzehnte lang auch diese nur rein äußerlich neuen Risiken passiviert haben und erst dann in ihnen (neue) Grundsätze ordnungsmäßiger Buchführung sehen? Das wäre doch eine recht äußerliche und gerade für die kaufmännische Praxis wenig glückliche Auffassung!

3. Ohne Pensionsrückstellungen keine richtige Selbstkostenrechnung. Da bei Außerachtlassung von Rückstellungen für gegebene Pensionszusagen die Personalkosten unrichtig erfaßt werden, wird auch die Kalkulation in Mitleidenschaft gezogen. Während der Pensionsanwartschaft erscheinen die Personalkosten zu gering und während der Zeit des Pensionsbezugs zu hoch, falls man nicht im letzteren Falle die Pensionszahlungen überhaupt in der Kalkulation unberücksichtigt läßt. Ein Unternehmer, der sich über den Aufwandcharakter seiner Pensionszusage während der Zeit der Pensionsanwartschaft nicht im klaren ist, kalkuliert falsch und erzielt zu geringe Erlöse, sofern seine Selbstkostenkalkulation von Einfluß auf seine Preisforderung ist. Bei der Kalkulation kommt also der Nachteil der unrichtigen Behandlung der Pensionsverpflichtungen im Rechnungswesen noch weit handgreiflicher zur Geltung, als bei der Bilanz und Gewinn- und Verlustrechnung.

4. Ohne Pensionsrückstellungen kein richtiger Betriebsvergleich. Aus unseren obigen Ausführungen über die Bedeutung der Pensionsrückstellungen für die Gewinn- und Verlustrechnung, die Bilanz und die Selbstkostenrechnung ergibt sich bereits, daß die Nichtberücksichtigung von Pensionszusagen im Rechnungswesen auch von Nachteil sein muß für den Betriebsvergleich. Dies gilt sowohl für den Vergleich verschiedener Perioden bzw. Jahresabschlüsse desselben Betriebes, wie auch für den Vergleich zwischen verschiedenen Betrieben für die gleiche Periode.

a) Zeitvergleich. Geht ein Betrieb, der zunächst keine Pensionszusagen gegeben hatte, dazu über, seinen Gefolgschaftsmitgliedern Pensionsansprüche einzuräumen, so müßte die damit vorgenommene Erhöhung der Personalkosten sofort in der Gewinn- und Verlustrechnung zum Ausdruck kommen. Geschieht das nicht, so erscheint die Gewinn- und Verlustrechnung zunächst zu günstig, während in den Jahren, in denen die unterlassene Rückstellung nachgeholt wird bzw. in denen die Pensionen gezahlt werden, das Ergebnis ungünstiger erscheint, als es in Wirklichkeit ist. Man stört also den Überblick über die Rentabilitätsentwicklung.

Erscheint somit die Gewinn- und Verlustrechnung zunächst zu günstig, späterhin zu ungünstig, so stellt die Bilanz bei Nichtberücksichtigung von Pensionsverpflichtungen in jedem Falle die Vermögensverhältnisse günstiger dar, als sie in Wirklichkeit sind, nur ist der Grad der Unrichtigkeit der Bilanz in jedem Jahr verschieden, zu Beginn geringer, späterhin höher.

Für die Selbstkostenrechnung gilt ähnliches wie für die Gewinn- und Verlustrechnung.

b) Zwischenbetrieblicher Vergleich. Besonders augenscheinlich zeigt sich der Mangel der Nichtberücksichtigung von Pensionsverpflichtungen im Rechnungswesen beim zwischenbetrieblichen Vergleich. Für die Gewinn- und Verlustrechnung und die Kalkulation wird der Unterschied am deutlichsten, wenn man sich zwei Betriebe vergegenwärtigt, die zu gleicher Zeit gegründet werden und der gleichen Branche angehören, — ein gerade heute häufig vorkommender Fall. Der eine Betrieb gibt seinen Gefolgschaftsmitgliedern Pensionszusagen und ein entsprechend ermäßigtes laufendes Einkommen, der andere Betrieb macht keinerlei Pensionszusagen, zahlt dafür aber entsprechend höhere Gehälter. Berücksichtigt der Betrieb, welcher Pensionszusagen gegeben hat, in seinem Rechnungswesen diese Zusagen, so erscheinen seine Personalkosten unter der Voraussetzung gleicher Verhältnisse ebenso hoch wie bei dem anderen Betrieb. Tut er dies nicht, so erscheinen seine Personalkosten sowohl in der Gewinn- und Verlustrechnung als auch in der Kalkulation zu niedrig. Zwei Betriebe also mit materiell völlig gleichen Verhältnissen weisen verschiedene Erfolgs- und Kalkulationsergebnisse aus.

Der Einfluß einer Nichtberücksichtigung der Pensionsverpflichtungen in der Bilanz zeigt sich am deutlichsten bei Betrieben, welche schon seit längerer Zeit Pensionszusagen geben. Dem Verfasser sind zwei deutsche Unternehmen bekannt, die beide derselben Branche angehören, ungefähr die gleiche Größe haben und die in der Handelspresse und vom Publikum immer miteinander verglichen worden sind. Beide Betriebe hatten bis vor einigen Jahren noch keine bzw. nicht nennenswerte Pensionsrückstellungen, obwohl beide Pensionszusagen gemacht hatten, allerdings in wesentlich verschiedenem Ausmaß. Der Kapitalwert der Pensionsbelastung bei dem einen Unternehmen betrug rd. 2 Mill. RM., der bei dem anderen Unternehmen rd. 20 Mill. RM. Da die Pensionsbelastung in der Bilanz nicht ausgewiesen und auch im Geschäftsbericht nicht angegeben war, erschien Lage des zweitgenannten Betriebes im Vergleich zum erstgenannten nach außen hin viel zu günstig.

5. Ohne Pensionsrückstellungen keine Erhaltung der Vermögenssubstanz des Betriebes. Jedes Unternehmen hat das Bestreben (oder sollte es zum mindesten haben), seine Vermögenssubstanz zu erhalten, d. h. nur in dem Umfang Ausschüttungen an seine Gesellschafter vorzunehmen, als Gewinne erzielt worden sind. Werden gegebene Pensionszusagen nicht durch entsprechende Pensionsrückstellungen berücksichtigt, so erscheinen die Gewinne zu hoch, d. h. es werden Gewinne ausgewiesen, welche in Wirklichkeit in dieser Höhe nicht entstanden sind. Werden diese Scheingewinne ausgeschüttet, so wird die Vermögenssubstanz des Unternehmens angegriffen, und damit werden die Interessen der Gläubiger, der Gefolgschaft, der Pensionäre und letzten Endes auch die wohlverstandenen Interessen der Gesellschafter verletzt.

Exkurs: Die Forderung nach Erhaltung der Vermögenssubstanz des Unternehmens ist auch der tragende Grundgedanke des gesamten Bilanzrechts. Der Gesetzgeber hat insbesondere bei den sog. Kapitalgesellschaften den Wunsch, das Kapital des Unternehmens ungeschmälert allen am Wohlergehen des Betriebes Interessierten zu erhalten. Die Ernsthaftigkeit dieser Forderung zeigt sich auch z. B. darin, daß der Gesetzgeber auch bei den neuesten Fassungen der bilanzrechtlichen Vorschriften immer wieder vorschreibt, daß das Kapital in der Bilanz unter den Passiven einzustellen ist, eine Forderung, die für den Betriebswirtschaftler eine Selbstverständlichkeit und nur durch den dringenden Wunsch nach Erhaltung der Vermögenssubstanz zu erklären ist. Ist aber der Grundsatz der Erhaltung der Vermögenssubstanz tatsächlich der tragende Grundgedanke des gesamten Bilanzrechts, so muß auch der Gesetzgeber die Passivierung gegebener Pensionszusagen fordern. Ob man nun rechtlich die Passivierungspflicht damit begründet, daß man die Pensionsverpflichtungen als passivierungspflichtige Schulden im Sinne des § 40 HGB. ansieht, oder — falls man dieser Auffassung nicht zuneigt — die Passivierungspflicht mit den in § 38 HGB. verankerten Grundsätzen ordnungsmäßiger Buchführung begründet, ist dabei eine mehr nebensächliche Frage. Auf jeden Fall muß man die Passivierungspflicht der Pensionsverpflichtungen bejahen, wenn man den tragenden Grundgedanken des gesamten Bilanzrechts nicht verletzen will.

III. Die Frage der Berechnung.

Wir haben weiter oben bereits kurz erwähnt, daß als Argument gegen die Passivierung der Pensionsverpflichtungen häufig auch geltend gemacht worden ist, daß die Berechnung der erforderlichen Rückstellungen äußerst schwierig und unzuverlässig sei. Das gelte insbesondere bei einer kleinen Zahl von Pensionsberechtigten. Das alles ist richtig, ist aber durchaus kein Grund dafür, die Pensionsrückstellungen zu unterlassen. Unternehmungen, denen die Berechnungen zu schwierig sind, sollten ihre Pensionsverpflichtungen den Unternehmungen übertragen, die in der arbeitsteiligen Volkswirtschaft zur Übernahme derartiger Verpflichtungen da sind, d. h. den Versicherungsgesellschaften. Unsicherheiten in der Bewertung kommen bei allen Bilanzpositionen vor. Die Bewertung vieler Aktiven (z. B. Grundstücke, Debitoren) ist häufig noch problematischer als die der Pensionsverpflichtungen. Eine unsichere Schätzung und eine unsichere Rückstellung ist immer noch besser als überhaupt keine Schätzung und überhaupt keine Rückstellung. Für alle Unsicherheitsfaktoren in der Bilanzierung hat sich ja auch in der kaufmännischen Praxis bereits ein Grundsatz herausgebildet: das sog. Prinzip der Vorsicht. Unter Anwendung dieses Prinzips kommt man nicht zu einer Unterlassung von der Höhe nach nicht genau zu berechnenden Rückstellungen, sondern sogar zu einer besonders starken Dotierung dieser Posten.

Ob man nun die Gewinn- und Verlustrechnung mit den Rückstellungen für einen bestimmten Pensionsanwärter mit jährlich gleichbleibenden Beträgen belastet, oder ob man — entsprechend den steigenden Gehaltszahlungen — auch die Zuweisungen zu den Rückstellungen allmählich ansteigen läßt, ist mehr eine praktische und Ermessensfrage und braucht hier nicht näher behandelt zu werden. Jedenfalls kann aus der Tatsache der Schwierigkeit der Berechnung kein Argument gegen die Vornahme von Pensionsrückstellungen hergeleitet werden.

IV. Die erzieherische Bedeutung der Pensionsrückstellungen für die kaufmännische Praxis.

Nicht unerwähnt lassen wollen wir aber die Bedeutung, die unseres Erachtens die Berechnung und Vornahme von Pensionsrückstellungen für die kaufmännische Praxis hat. Leider hat sich ein großer Teil der Unternehmer, welche Pensionsverpflichtungen eingegangen sind, kein Bild von der Belastung des Unternehmens gemacht, die mit den Pensionszusagen übernommen worden ist. Durch die Notwendigkeit schwieriger und bei kleiner Personenzahl wenig zuverlässiger Berechnungen werden die Unternehmungen einmal dazu gebracht, die geschäftliche Abwicklung der gegebenen Pensionszusagen den Unternehmungen zu übertragen, zu deren eigentlichen Aufgaben dieser Geschäftszweig gehört. Vor allem aber werden die Kaufleute davor bewahrt, Pensionszusagen in einem Ausmaß zu machen, das für ihr Unternehmen nicht tragbar ist. Eine solche Vorsicht in der Übernahme von Pensionsverpflichtungen liegt nicht zuletzt auch im Interesse der Pensionsberechtigten selbst, die dann eine vielleicht bescheidenere Pensionszusage bekommen, aber eine größere Gewähr dafür haben, daß das Unternehmen später auch in der Lage ist, die Pensionen auszuzahlen.

V. Zusammenfassung.

Wir haben gezeigt, daß die Unterlassung von Pensionsrückstellungen nicht allein die Bilanz berührt, sondern auch zu falschen Gewinn- und Verlustrechnungen und zu einer falschen Selbstkostenrechnung führt. Sie stört den volkswirtschaftlich und betriebswirtschaftlich nützlichen Betriebsvergleich und gefährdet die Erhaltung der Vermögenssubstanz und damit die Existenzgrundlage des Betriebes. Sie verhindert, daß die Kaufleute sich über die mit den Pensionszusagen übernommenen Belastungen klar werden und führt damit zu Belastungen der Unternehmungen und der Wirtschaft in einem Ausmaß, das nicht beabsichtigt war und bei Kenntnis der wirklichen Verhältnisse nicht übernommen worden wäre. Die Passivierungspflicht von Pensionsversprechen ist daher in jeder Hinsicht eine unbedingte Notwendigkeit.

3. Das Pensionsversprechen in der privaten Wirtschaft vom Standpunkt der Publizität und der betriebswirtschaftlichen Erfordernisse.

Von Wirtschaftsprüfer Dr. Alfred Voigt, München.

I. Vorbemerkung.

Diese Ausführungen beziehen sich nur auf die betriebswirtschaftlichen Auswirkungen des Pensionsversprechens bei privaten Unternehmungen. Sie setzen sich mit der häufig geforderten Einsetzung eines kapitalisierten Betrages der Pensionsverpflichtungen in der ordentlichen Jahresbilanz im Sinne einer unbedingten Passivierungspflicht auseinander. Die Frage der Behandlung von Pensionsverpflichtungen in der Bilanz und der Ergebnisrechnung ist zur Zeit noch umstritten; eine eindeutige Lösung war bisher nicht zu finden.

Zur Begründung der Forderung der unbedingten Passivierung von Pensionsverpflichtungen werden in der Hauptsache zwei Gesichtspunkte angeführt:

1. Pensionsverpflichtungen seien betagte und bedingte Verbindlichkeiten; diese müßten nach § 40 HGB. als Schulden passiviert werden. Nach dieser rechtlichen Sachlage bestehe „kein Raum mehr für die Anwendung der Grundsätze ordnungsmäßiger Bilanzierung".

2. Die Passivierung entspreche den Grundsätzen ordnungsmäßiger Buchführung und Bilanzierung.

a) Die Pensionszusagen seien Teile des Arbeitsentgeltes; neben den laufend bezahlten Teilen des Entgeltes (Gehälter) seien die später zu bezahlenden Pensionen nicht im Zeitpunkt der Bezahlung, sondern im Zeitpunkt der Arbeitsleistung ergebnismäßig zu berücksichtigen, also zu passivieren.

b) Es handle sich bei Pensionsverpflichtungen um Risiken und Verluste, deren Verursachung in der Vergangenheit liegt (ebenso wie bei Garantieverbindlichkeiten, Prozeßrisiken und Verlusten aus schwebenden Geschäften); solche Risiken und Verluste seien für eine „richtige" Bilanzierung grundsätzlich zu passivieren.

Demgemäß seien die Folgen der Nichtpassivierung von Pensionsverpflichtungen unrichtige Bilanzen und Ergebnisrechnungen, unrichtige Selbstkostenrechnungen und Erschwerung von Betriebsvergleichen.

II. Die Pensionsverpflichtungen als Schulden der Unternehmung.

Es wird für einen Betriebswirtschaftler nicht leicht sein, sich davon überzeugen zu lassen, daß Pensionsverpflichtungen bilanzierungspflichtige Schulden seien; für ihn haben sie (solange der Pensionsfall noch nicht eingetreten ist) eindeutig den Charakter von Eventualverpflichtungen, für die keine Passivierungspflicht besteht, wohl aber eine Mitteilungsverpflichtung und ein Passivierungsrecht. Denn es ist in keinem Falle der kapitalisierte Betrag zu zahlen, sondern für unbekannte Dauer periodische Zahlungen, die nur mit vieler Mühe und recht ungenau kapitalisiert werden müßten. Man kann auch in keiner Weise abschätzen, ob die errechnete Summe überhaupt je zu zahlen ist. Wenn die Verpflichtung besteht, den kapitalisierten Betrag als Schuld in die Bilanz einzusetzen, würde dies grundsätzlich der Pflicht zur Bereitstellung des Abfindungsbetrages der Pensionen gleichkommen. Mit dem Versuch, diese ungewissen und unbestimmbaren Eventualverpflichtungen in einen Gesamtbetrag einzufangen, tut man dem hier vorliegenden Rechtszustand betriebswirtschaftlich Gewalt an. — Es dürfte sehr zweifelhaft sein, ob etwa schon das Pensionsversprechen juristisch als eine bedingte und betagte Schuld angesprochen werden könnte. Wenn die Entstehung einer Schuld aber erst im Zeitpunkt des Pensionsfalls bejaht werden kann, dann würde die Forderung der Ansammlung eines Schuldpostens während der aktiven Dienstzeit nicht aufrecht erhalten werden können, denn während dieser Zeit würde eine Schuld ja noch nicht bestehen.

Wenn aber der als Schuld unter den Passiven eingesetzte Betrag später ganz oder zum Teil gegenstandslos wird, weil die Schuldsumme durch die laufenden Pensionen nicht erreicht wird oder der Berechtigte vor Erreichung des Pensionsfalles stirbt oder aus dem Unternehmen ausscheidet, dann entfällt plötzlich die Schuld oder der Schuldrest, und es wird erkennbar, daß es sich doch nicht um eine echte Schuld handelte, sondern der Schuldposten ganz oder teilweise eine Fiktion war.

III. Die Pensionsverpflichtungen und die „Grundsätze ordnungsmäßiger Bilanzierung".

1. Die betriebswirtschaftliche Auffassung. Die Behauptung, die Passivierung von Pensionsverpflichtungen entspreche den Grundsätzen ordnungsmäßiger Bilanzierung, stützt sich nicht etwa auf eine aus der allgemeinen Übung gewonnene Erkenntnis, sondern es ist umgekehrt: man stellte fest, daß die Passivierung den Grundsätzen ordnungsmäßiger Bilanzierung entspreche und fordert, die Übung möge dementsprechend verfahren.

Zu der Frage: „Was sind Grundsätze ordnungsmäßiger Buchführung und Bilanzierung" liefert die Praxis die entscheidenden Beiträge. Aus dem Schrifttum ergibt sich nicht das Brauchtum, sondern die Privatmeinung einzelner. Es ist der ungeheuren Bedeutung des Schrifttums besonders für die Verbesserung des kaufmännischen Rechnungswesens kein Abbruch getan, wenn man für die vorliegenden Untersuchungen die kaufmännische Übung entscheidend mit heranzieht. Wohl können sich auch Unsitten in den Bilanzen breitmachen. In der vorliegenden Frage aber gehen die Ansichten zwar weit auseinander, sie sind aber so ernsthaft begründet, daß nicht die eine Seite von der anderen in diesem Sinne zu sprechen berechtigt wäre.

Das Gutachten des IdW. 13/1933 behauptet auch nicht, daß die Passivierung von Pensionsverpflichtungen eine kaufmännische Übung sei, sondern es sagt sogar ausdrücklich: „Die vorstehenden" — also die vom

Fachausschuß des IdW. für die unbedingte Passivierung aufgestellten — „Grundsätze sind noch nicht Allgemeingut der deutschen Unternehmungen geworden". Tatsächlich war auch bis vor einigen Jahren ein Pensionspassivum in den Bilanzen eine Ausnahme. Das erklärt sich aus folgendem einfachen Gedankengang, der wohl bis vor kurzem für die Darstellung in der ordentlichen Jahresbilanz der allgemein übliche war:

Die Tatsache einer Pensionszusage löst noch keine Buchungspflicht aus. Diese tritt erst ein, wenn später Pensionen bezahlt werden. Etwas anderes ist es, wenn der Kaufmann an den Rechtszustand der Pensionsversprechen ähnlich wie an eine Reihe anderer Rechtszustände, die wohl seine allgemeine Vermögenslage, aber noch nicht seine ordentliche Jahresbilanz beeinflussen, kritisch herantritt; will er aus Gründen der Bilanzvorsicht irgendwie diese Rechtszustände in seiner Bilanz ausdrücken, dann kann er innerhalb der Bilanzierungsfreiheit von der Buchungsfähigkeit solcher Vorgänge Gebrauch machen. Dergestalt wurde bisher in der Praxis verfahren. Für den Kaufmann sind die Pensionen Kosten, aber nicht Kosten der aktiven Dienstzeit der Berechtigten, sondern Kosten der Jahre, in denen die Pensionen bezahlt werden; sie sind auch dann keine Schulden, wenn er von dem Bilanzierungsrecht Gebrauch macht, sondern Rückstellungen oder Eventualverpflichtungen. Selbstverständlich ist er sich dabei bewußt, daß die Pensionszusage eine Last bedeutet, die irgendwie auf seine Vermögenslage einwirkt und die er genau so wie viele andere Aktiven und Passiven (Good will, stille Reserven, Lieferungs- und Abnahmeverpflichtungen usw.) wohl bei einer Auseinandersetzung, einem Verkauf seines Unternehmens, einem Vermögensstatus u. dgl. entsprechend berücksichtigen muß, nicht jedoch in der ordentlichen Jahresbilanz (m. a. W. also dann, wenn es sich um die Erfassung des Gesamtkapitals zum Zwecke neuer Planung, nicht nur um den Querschnitt der bestehenden Kapitalsituation handelt). Allerdings sind innerhalb der Bilanzierungsfreiheit der Vorsicht bei der Erstellung der ordentlichen Jahresbilanz keine Grenzen gesetzt.

Die Wirtschaft hat sich anfänglich fast einmütig gegen die Passivierungspflicht von Pensionsverbindlichkeitenge wendet, offenbar in der Erkenntnis, daß mit dieser Forderung von der bisherigen Übung der Bilanzierung abgewichen wird. Wenn viele Unternehmungen aber in den letzten Jahren doch dazu übergegangen sind, Pensionsverpflichtungen zu passivieren, so kann hieraus noch keineswegs eine neue aus besserer Erkenntnis entstandene Übung im Sinne ordnungsmäßiger Bilanzierung abgeleitet werden, denn diese Entwicklung war durch zwei Umstände entscheidend beeinflußt:

1. Eine Veranlassung zu häufigerer Bilanzierung ist auch das Gutachten des Fachausschusses des IdW., für dessen Durchsetzung viele Wirtschaftsprüfer glaubten, sich einsetzen zu müssen, auch wenn sie ihm innerlich nicht beigetreten sind.

2. Andere Unternehmungen haben der Forderung auf Passivierung zu Lasten der Gewinn- und Verlustrechnung deshalb gerne entsprochen, weil sich hierdurch eine neue Möglichkeit bot, die von Jahr zu Jahr steigenden Bilanzgewinne zu vermindern.

Die Grundsätze ordnungsmäßiger Bilanzierung entwickeln sich in der Praxis, sie wachsen; sie können sich auch ändern. Diese organische Entwicklung aber sollte nicht durch eine Beeinflussung unterbrochen werden. Sogar einer der exponiertesten Verfechter der Passivierung von Pensionsverpflichtungen sagt selbst: „Tatsächlich liegt in einem solchen Eingreifen die Gefahr, daß das organische Wachsen der Grundsätze ordnungsmäßiger Bilanzierung gleichgültig auf welchem Gebiet aus der Übung der Praxis heraus gefährdet wird. Es ist von großem Wert, daß ein Grundsatz ordnungsmäßiger Bilanzierung nicht durch Zwang, sondern durch Einsicht bewirkt wird [1]."

2. Die Grenzen bilanzmäßiger Vermögensdarstellung. Als Grund für die Passivierung von Pensionsverpflichtungen wird auch die Verbesserung des Einblicks in die Vermögenslage der Bilanz als Mittel der Publizität angegeben. Die ordentliche Jahresbilanz hat aber ihrem Wesen nach hinsichtlich der Erkennung der wahren Vermögenslage erhebliche Mängel; sie kann diese gar nicht zuverlässig erkenntlich machen. In der Schlußsitzung des Weimarer Kongresses wurde sehr zutreffend festgestellt, daß die „Bilanzwahrheit" ein Schlagwort sei. Jede ordentliche Jahresbilanz könnte auch anders aussehen, ohne falsch zu sein. Die Bilanz ist mit Rücksicht auf die gesetzlich gebotene Bilanzierungsfreiheit überhaupt nicht geeignet, die Vermögenslage zuverlässig erkennen zu lassen; das kann — mit entsprechenden Einschränkungen — nur ein vom Rechenwerk losgelöster Status. Der Versuch, die der ordentlichen Jahresbilanz anhaftenden Mängel zur zuverlässigen Erkennung der Vermögenslage zu beseitigen, scheitert am ungeeigneten Objekt.

Wenn die Passivierung von Pensionsverpflichtungen vorwiegend der „richtigen" Erkennung der Vermögenslage einer Unternehmung dienen soll, dann wäre — die Möglichkeit der exakten ziffernmäßigen Erfassung dieser Verpflichtungen unterstellt — mit der Erfüllung dieser Forderung doch nur ein Anfang zu diesem Ziel gemacht. Es wäre nur ein (das Bilanzvermögen mindernder) Mangel der Bilanz beseitigt, alle übrigen Mängel würden unverändert beibehalten. Man müßte dann, da auf diese Weise das bisherige Gesicht der Bilanz in ihrer historisch gewordenen Form geändert ist, logischerweise weitergehen und jede vertragliche Bindung für die Zukunft, die eine finanzielle Verpflichtung auslöst, antizipieren (also passivieren) und umgekehrt auch Vermögenswerte aus ähnlichen Verhältnissen antizipieren (also aktivieren). Es handelt sich ganz einfach um die Frage: „Bilanz oder Status?" Die Grundforderung des möglichst zuverlässigen Einblicks in die Vermögenslage eines Unternehmens aus der Bilanz führt — da diese Forderung die anderen Zwecken dienende Bilanz nicht erfüllen kann und nach der bisherigen Übung auch nicht er-

[1] Krause: Grundsätze ordnungsmäßiger Bilanzierung für Pensionsverpflichtungen. Leipzig 1935, S. 87.

füllte — von der Bilanz fort und landet beim Status. Man verkennt also bei der Forderung der Passivierung von Pensionsverpflichtungen zum Zwecke der klaren Erkennung der Vermögenslage die Grenzen der möglichen Vermögensdarstellung durch die ordentliche Jahresbilanz. Die ordentliche Jahresbilanz wird immer erstellt unter der stillschweigenden Voraussetzung — und kann nur unter dieser Voraussetzung verstanden werden —, daß die Unternehmung fortlebt, künftige Kosten weiter tragen kann und künftige Erträge erwirtschaftet. Wenn man diese Unterstellung ablehnt, sind alle ordentlichen Jahresbilanzen falsch. Jede Jahresbilanz enthält ein nicht genanntes Aktivum: die Tatsache der Weiterexistenz und der erfolgversprechenden Betriebsbereitschaft, der als nicht genannte Passiven die eingegangenen Verpflichtungen aus allen laufenden, aber nicht bilanzierungspflichtigen Verträgen gegenüberstehen.

Wenn man die Passivierung von Pensionsverpflichtungen deshalb fordert, um Betriebsvergleiche zu ermöglichen, so verkennt man dabei ferner, daß mit der Erfüllung dieser Forderung besonders der zwischenbetriebliche Vergleich in keiner Weise noch gewährleistet ist. Es verbleiben beinahe alle Mängel der ordentlichen Jahresbilanz, die sich einem solchen Betriebsvergleich entgegensetzen, wie die unterschiedliche Umstellung anläßlich der Reichsmark-Eröffnungsbilanz und der damit zusammenhängende Abschreibungsdienst, die stillen Reserven, die unterschiedliche Bewertung der Vorräte, die verschiedenartige Kapitalausstattung und der dadurch bestimmte Zinsendienst, die Standortfrage und vieles andere.

IV. Die Bedenken hinsichtlich der exakten Ermittlung und der praktischen Durchführung des Pensionspassivums.

Wenn gesagt wird, daß die Schwierigkeiten der Durchführung des Pensionspassivums bei der grundsätzlichen Lösung der Frage unbeachtlich seien, so ist dem entgegen zu halten, daß — falls es unmöglich ist, das Pensionspassivum ziffernmäßig exakt zu erfassen — alle Argumente für die Forderung der Passivierung zum Zwecke der Verbesserung exakter Vermögensdarstellung und Erfolgs- wie Selbstkostenermittlung ihre Wirkung verlieren. Diese Argumente sind ja gerade bei oberflächlicher Beschäftigung mit der Angelegenheit zunächst die einleuchtendsten. Es erscheint deshalb durchaus nicht überflüssig zu untersuchen, ob und inwieweit eine Forderung überhaupt durchführbar ist und ob die erhofften Wirkungen erzielt werden können, bevor man die grundsätzliche Lösung versucht.

1. Die verschiedenen Formen der Pensionszusagen. Bei unbedingten, aber bereits eingetretenen Pensionsverpflichtungen erscheint die Ermittlung des Pensionspassivums noch am leichtesten möglich. Die Schwierigkeiten sind aber trotzdem noch außerordentlich groß. Bei einem Berechtigten oder bei nur wenigen Personen, denen unbedingte Pensionszusagen gemacht worden sind, ist das Pensionspassivum in jedem Falle eine Schätzung ins Blaue. Aber auch wenn das Pensionsversprechen in einer Unternehmung der Regelfall ist, so ergeben sich noch große Unsicherheiten, die sich in dem Maße, wie die Zahl der Berechtigten wächst, verringern. Die Fälle, in denen die Anzahl der Berechtigten aber so groß ist, daß unbedenklich die versicherungsmathematischen Grundsätze der Errechnung angewendet werden können, dürften nur Ausnahmefälle sein.

Schwieriger wird die Frage der Berechnung bei bedingten Pensionsverpflichtungen, d. h. Pensionsanwartschaften. Hier kommt zu der Unsicherheit der Berechnung noch die weitere erhöhte Unsicherheit des Eintritts der Pensionszahlung überhaupt.

Bei in Aussicht gestellten Pensionen dagegen wird die Forderung der Bildung eines Pensionspassivums von dessen Befürwortern überhaupt nicht erhoben.

Aber wenn nun die Verpflichtung zur Zahlung der Pensionen bei bedingten und in Aussicht gestellten Pensionen später doch eintritt, dann müßte, wenn man der Pensionsverpflichtung beim Eintritt des Pensionsfalles Schuldencharakter zuspricht, im Augenblick des Bekanntwerdens der Pensionszahlungsverpflichtung das Pensionspassivum in voller Höhe sofort gebildet werden. Die Schäden, die nach Ansicht der Befürworter der unbedingten Passivierungspflicht durch die Nichtpassivierung — im besonderen in der Zeit bis zum Pensionsfall — eintreten, würden also im Pensionsfalle bei bedingten Pensionsverpflichtungen meist und bei in Aussicht gestellten Pensionen immer in Kauf genommen werden müssen.

Die Forderung zur Bildung eines Pensionspassivums könnte wohl dazu führen, daß Unternehmungen, die sich einem Zwang zur Passivierung nicht unterwerfen wollen, nur bedingte Pensionszusagen machen oder nur Pensionen in Aussicht stellen; sie wären also bis zu einem gewissen Grade in der Lage, dem Problem auszuweichen, wenn sie nicht auf Pensionszusagen überhaupt verzichten.

2. Die subjektive Seite der Ermittlung des Pensionspassivums. Da versicherungsmathematische Berechnungen nur in den seltensten Fällen anwendbar sind, ist die Ermittlung des Pensionspassivums weitgehend subjektiv, also dem Ermessen des Bilanzerstellenden überlassen. Es ist also durchaus nicht so, daß die Ergebnisermittlung und die Selbstkostenberechnungen durch die Ansammlung des Pensionspassivums zuverlässiger würden, sondern im Gegenteil. Während bisher die Ergebnisermittlung zum größten Teil tatsächlich angefallene und abwägbare Kosten enthalten hat, werden nunmehr die Ergebnisrechnung und die Kalkulation weitgehend subjektiver Beeinflussung ausgesetzt. Das gleiche gilt für die Bilanz. Durch das neuerliche Hineintragen ausschließlich subjektiver Momente wird der an sich schon begrenzte Erkenntniswert der Bilanz weiterhin vermindert und die zuverlässige Ermittlung der Gewinn- und Verlustrechnung und der Kalkulationsunterlagen nicht nur nicht gefördert, sondern sogar gefährdet.

3. Die Pensionen als Teile des Arbeitsentgeltes. Die Anschauung, daß Pensionen einen Teil des Arbeitsentgeltes darstellen, die neben den laufend gezahlten Entgelten als Kosten im Zeitpunkt der Arbeitsleistung der Berechtigten ergebnismäßig zu berücksichtigen sind, fußt auf dem Gedanken: niedrige Aktivengehälter plus spätere Pensionen ist gleich Gesamtentlohnung.

Vielleicht trifft dieser im allgemeinen bei den Beamtenbesoldungen angewendete Entlohnungsmodus auch für die privaten Unternehmungen zu, bei denen der Entlohnungsmodus grundsätzlich auf das Pensionsversprechen abgestellt ist, wie z. B. bei vielen Bahnunternehmungen, denen in Konzessionsurkunden diesbezüglich Verpflichtungen auferlegt sind, weil die seinerzeit die Konzessionsurkunden formulierenden Staats- und Verwaltungsrechtler die Grundsätze der Staatsfinanzführung kritiklos auf die privaten Unternehmungen übertragen haben, eine Erbschaft, an der diese Unternehmungen noch heute — auch auf anderen Gebieten — kranken. Der Vergleich mit der Beamtenentlohnung geht jedoch immer fehl, denn der Staat kann — im Gegensatz zu privaten Unternehmungen — unbedenklich auf Basis des Gesetzes der großen Zahl etatisieren, und es steht den Verpflichtungen, die er eingeht, die Steuerkraft der Bevölkerung des ganzen Staatsgebietes gegenüber.

In der privaten Wirtschaft ist es sehr zu bezweifeln, ob bei einem Vorstandsmitglied, bei leitenden Angestellten, bei verdienten Werkmeistern usw. sich das Pensionsversprechen mindernd auf die Bezüge während der Aktivenzeit auswirkt. Im Gegenteil, das Pensionsversprechen bedeutet in der Regel neben den normalen Bezügen eine Anerkennung für qualitativ besondere Dienstleistungen oder für eine langjährige Dienstzeit.

Der Standpunkt, daß Pensionen als Kosten der Jahre, in denen sie bezahlt werden, angesehen werden müssen, entbehrt durchaus nicht der Logik. Die Wirkung der Tätigkeit von Vorstandsmitgliedern, von qualifizierten Angestellten und solchen mit jahrzehntelanger Dienstzeit reicht doch meist über den Zeitpunkt ihrer Tätigkeit im Unternehmen hinaus, sei es in den von ihnen angebahnten Geschäftsbeziehungen, in der Organisation, in gut geschulten Mitarbeitern usw. Der „Geist" dieser Pensionisten wirkt noch in vielen großen und tausend kleinen Dingen fort und rechtfertigt den Gesichtspunkt, daß die Ruhegehälter von den Jahren, in denen sie bezahlt werden, kostenmäßig übernommen werden.

Leider ist das Pensionsversprechen vereinzelt auch zur Zuwendung ungerechtfertigter Sondervorteile benutzt worden. Einmal war das keineswegs die Regel; sodann ist die Möglichkeit der eigennützigen Ausbeutung einer Unternehmung durch die Verschärfung der gesetzlichen Vorschriften und die Hebung der wirtschaftlichen Moral immer geringer geworden;

schließlich sollten vorübergehende, ans Kriminelle heranreichende Fälle noch kein Anlaß sein, die kaufmännische Übung und die Bilanz umzustoßen, sondern man sollte nach anderen weniger allgemein folgenschweren Maßnahmen der Verhinderung suchen.

4. Die Möglichkeit der Bildung eines Pensionspassivums. Wenn die Forderung auf unbedingte Passivierung von Pensionsverpflichtungen deshalb allgemeine Anerkennung finden sollte, weil Pensionsverpflichtungen eine Schuld darstellen oder weil die Bildung eines Pensionspassivums den Grundsätzen einer ordentlichen Bilanzierung entspricht, dann muß in allen Fällen dieser Forderung entsprochen werden, ohne Ausnahmen und ohne Rücksicht auf die Folgen für das einzelne Unternehmen.

Je kleiner der Kreis der Pensionsberechtigten ist, desto leichter wird die Passivierung zu Lasten der Gewinn- und Verlustrechnung finanziell tragbar sein und desto weniger ist sie auch ein Problem von allgemeinem Interesse. Je größer aber dieser Kreis ist, desto schwieriger wird es, das Passivum zu bilden oder gar die Unterlassung nachzuholen. Fast immer ist die Frage, ob die Passivierung durchgeführt werden kann, eine Frage der Breite der Kapitalbasis.

Wenn ein Unternehmen, das den gesamten Entlohnungsmodus auf das Pensionsversprechen abgestellt hat, mit einer verhältnismäßig großen Anzahl von Gefolgschaftsmitgliedern ein Pensionspassivum nicht gebildet hat, so müßte dies bei Bejahung der Passivierungspflicht gemäß dem Gutachten des IdW. in einigen Jahren nachgeholt werden. Das aber ist in vielen Fällen überhaupt nie möglich, es sei denn, daß man eine Art Bilanznotiz ähnlich den „Avalen" usw. zulassen wollte, aber das ist doch wohl nicht die Absicht bei der Forderung des Pensionspassivums. Wie soll z. B. ein Bahnunternehmen, das 2 Millionen RM. Aktienkapital besitzt, dessen Pensionspassivum aber 4 Millionen RM. betragen müßte, dieses Passivum zu Lasten der Ergebnisrechnung nachholen, wenn die Erträge gerade ausreichen, ohne Gewinn und Verlust die laufenden Unkosten und Pensionen zu decken? Wenn man die uneingeschränkte Passivierungspflicht bejaht, muß man sie konsequenterweise auch in diesem Falle bejahen. Das würde bedeuten, daß das Unternehmen, das wohl fortlaufend seinen Verpflichtungen (einschl. der Zahlungen an die Pensionisten) nachkommen kann, lediglich wegen Bildung des Pensionspassivums, also eines rechnungsmäßigen Postens, zur Überschuldung mit allen gesetzlichen Folgen (auch für die Pensionisten) kommen müßte; wobei noch zu bedenken ist, daß es sich bei einer Bahn um ein weitgehend im Allgemeininteresse arbeitendes Unternehmen handelt.

Wenn man in besonders gelagerten Fällen wie dem vorstehend beschriebenen etwa eine Ausnahme macht — und es gibt eine große Anzahl von Unternehmungen, bei denen man diese Ausnahme machen muß, wenn man die Konkursreife vermeiden will —, dann kann man die Forderung der unbedingten Passivierungs p f l i c h t grundsätzlich nicht mehr aufrechterhalten und landet notgedrungen letzten Endes bei dem Passivierungs r e c h t.

Ein anderer Fall: Eine Aktiengesellschaft mit 3 Millionen RM. Kapital und 2 Millionen RM. Pensionsverpflichtungen setzt ihr Kapital auf 1 Million RM. herab, um das Pensionspassivum zu bilden oder sie nimmt einfach eine Umbenennung etwa vorhandener Rücklagen vor; dann wäre wohl der Forderung der Passivierung der Pensionsverpflichtungen entsprochen worden, aber was wäre damit erreicht? Der Sinn der Forderung des Pensionspassivums ist doch dessen Bildung „aus dem Gewinn". Die finanzielle Struktur wäre in keiner Weise verändert. Dieses Vorgehen würde p r a k t i s c h das gleiche bedeuten wie eine B i l a n z n o t i z.

5. Die Sicherung der Pensionsberechtigten. Die Frage, ob die Pensionsberechtigten durch die Bildung des Pensionspassivums einwandfrei sichergestellt sind, ist zu verneinen. Wenn auch durch die Bildung des Pensionspassivums zu Lasten der Gewinn- und Verlustrechnung Mittel von der Ausschüttung zurückbehalten werden und dies der inneren Kräftigung des Unternehmens dient, so ist damit noch keineswegs die spätere stockungsfreie Bezahlung der Pensionen gewährleistet, denn die einbehaltenen Mittel werden doch wohl in den seltensten Fällen jederzeit greifbar bereitgestellt werden können. Sie werden irgendwie für den Betrieb verwendet werden müssen, z. B. für die Errichtung oder Erneuerung von Anlagen, zur Fremdkapitalrückzahlung usw.; sie können auch wieder zu Verlust gehen. Für die Sicherung der Pensionsberechtigten ist über die allgemeine innere Kräftigung der Unternehmung hinaus nichts geschehen. Wollte man den Sicherungsgedanken bei dieser Diskussion entscheidend Raum geben, dann müßte man konsequenterweise die Ausgliederung von Aktiven in Höhe des Pensionspassivums fordern, also einen e c h t e n Fonds. Wie wenig zweckmäßig die Übertragung dieser kameralistischen Einrichtung auf die p r i v a t e n Unternehmungen ist, zeigt die Geschichte der Erneuerungsrücklage bei Privatbahnunternehmungen, für die ein echter Fonds vorgeschrieben war; die diesbezüglichen Bestimmungen sind aber seit einigen Jahren als praktisch undurchführbar fallen gelassen worden

V. Das Pensionsversprechen und die aktienrechtlichen Publizitätsvorschriften.

Man kann, wie bereits ausgeführt worden ist, nicht aus der kaufmännischen Übung ableiten, daß die Grundsätze ordnungsmäßiger Bilanzierung die P f l i c h t zur Passivierung der Pensionsverpflichtungen notwendig mache. Es erscheint auch bedenklich, auf die Entwicklung der kaufmännischen Übung eine Beeinflussung ausüben zu wollen. Die neuerliche Diskussion über die Passivierung von Pensionsverpflichtungen hat die in ihrer Natur liegende Begrenztheit der Bilanz wieder einmal, und zwar sehr deutlich, in Erinnerung gebracht. Die ordentliche Jahresbilanz ist in der Darstellung der Vermögenslage einer Unternehmung beschränkt. Der einer „getreuen Rechenschaftsablegung“ entsprechende Geschäftsbericht des Vorstandes einer Aktiengesellschaft dient in ausreichendem Maße der Ergänzung der ordentlichen Jahresbilanz und schließt die ihr naturgemäß anhaftenden Lücken. Dorthin gehört die Berichterstattung über alle wissenswerten Tatsachen, die die Vermögenslage einer Gesellschaft beeinflussen und die aus der ordentlichen Jahresbilanz nicht erkennbar sind. Wo die Bilanz versagt, bietet der Geschäftsbericht — wie bisher schon — die Möglichkeit der Klarstellung.

Die Bekanntgabe im Geschäftsbericht vermeidet die Vergewaltigung der Bilanz und der kaufmännischen Übung und wirkt in gleicher Weise erzieherisch und aufklärend wie etwa die Passivierung eines ins Blaue geschätzten oder mit außerordentlichen Berechnungsmängeln behafteten „kapitalisierten“ Betrages.

VI. Zusammenfassende Schlußbemerkungen.

Bei der Behandlung der Frage der Darstellung der Pensionsverpflichtungen in der Bilanz ist von den Verfechtern des Pensionspassivums meist unterstellt worden, daß dieses Pensionspassivum aus den Gewinnen gebildet werden kann. Was zu geschehen hat, wenn kein ausreichender Gewinn oder gar Verlust vorliegt, ist bisher fast überhaupt nicht behandelt worden. Es ist dies aber eine Frage, deren Beantwortung besonders interessieren würde. Man sage nicht, daß diese Frage bei dem grundsätzlichen Lösungsversuch des Problems untergeordnete Bedeutung habe; denn es gibt große Bereiche der wirtschaftlichen Betätigung (Bahnunternehmungen), bei denen diese Fälle häufig vorliegen.

Wenn es sich nunmehr darum handelt, zu der Frage Stellung zu nehmen:

> „Sind die Pensionsverpflichtungen in der Bilanz mit dem kapitalisierten Betrag passivierungspflichtig?“

so ist zunächst die Vorfrage zu stellen: „Ist diese Frage überhaupt schon entscheidungsreif?“ Diese Vorfrage ist zu verneinen.

Der juristische Charakter der Pensionsverpflichtungen ist durchaus noch nicht einwandfrei geklärt. Es wird behauptet, die Pensionsverpflichtungen seien bedingte und betagte Schulden, sodann, sie seien Teile des Arbeitsentgelts. Es wird gesagt, die Grundsätze ordnungsmäßiger Bilanzierung seien nicht anwendbar, andererseits aber wird festgestellt, die Grundsätze ordnungsmäßiger Bilanzierung geben bei der Entscheidung der Frage der Behandlung den Ausschlag. Die Nichtpassivierung von Pensionsrückstellungen kann nicht als ein Konkursvergehen angesehen werden, andererseits aber bedingt das Verschweigen von Pensionsverpflichtungen bei dem Verkauf eines Unternehmens einen Schadenersatz. Es wird wohl kaum einen Juristen geben, der die unbedingte Passivierung fordert, und die Frage einwandfrei mit „Ja" zu beantworten wagte, ob ein Unternehmen, das infolge der Erfüllung dieser Forderung durch Überschuldung zur Konkursreife käme, trotzdem diesen Weg gehen müßte. Bis zur Veröffentlichung des Gutachtens 13/1933 des IdW. war die Einsetzung eines Pensionspassivums in den Bilanzen eine Seltenheit; seitdem ist sie häufiger geworden. Es läßt sich wohl niemals feststellen, ob die günstigere Wirtschaftslage oder das erwähnte Gutachten oder eine „bessere Erkenntnis" dies bewirkt haben oder etwa auch die strengeren Bilanzierungsvorschriften. Zweifellos aber hätte in den Jahren der Wirtschaftskrise 1929 bis 1932 die Forderung der Passivierungspflicht weniger Freunde gefunden als heute. Beachtliche betriebswirtschaftliche Gesichtspunkte werden sowohl für die, wie gegen die Passivierung vorgebracht. Bei der praktischen Durchführung stößt man in manchen Fällen auf unüberwindliche Schwierigkeiten, in anderen aber wieder wäre die Passivierung möglich.

Aus all dem ergibt sich, daß sich die Frage noch in der Entwicklung befindet. Ist es nun zweckmäßig, in diese Entwicklung einzugreifen oder ist es besser, sie ausreifen zu lassen, nicht zuletzt mit Rücksicht auf die schweren Folgen für große Betriebszweige der deutschen Wirtschaft? Das Gutachten des Fachausschusses 13/1933 hat das Augenmerk weiter Kreise auf die Bedeutung der Frage der von privaten Unternehmungen übernommenen Pensionsverpflichtungen gelenkt und eine Diskussion eingeleitet, die hoffentlich zu einer Lösung dieses schwierigen Problems führt, das in das Rechenwerk der privaten Wirtschaft ausstrahlt. Diese Lösung aber ist nicht erst am Rechenwerk der Unternehmungen zu finden.

Aufgabe des Wirtschaftsprüfers ist es, an der Entwicklung und Verbesserung der Rechnungslegung der Unternehmungen und an der Förderung der betriebswirtschaftlichen Erkenntnisse mitzuarbeiten, vor allem aber über die Einhaltung der Publizitätsvorschriften im Interesse des Gesamtwohls zu wachen. Es hat nach meiner Auffassung den Anschein, als hätte sich das Gutachten des IdW. über Pensionsverpflichtungen im Sinne dieser Aufgaben etwas zu weit vorgewagt.

Es ist die Frage berechtigt, ob das Pensionsversprechen den privaten Unternehmungen bei den Risiken, denen das private Unternehmungskapital ausgesetzt ist, nicht überhaupt wesensfremd ist. Zweifellos ist zu befürchten, daß die Pensionsberechtigten sich der Gefahren, denen ihr Pensionsanspruch an eine private Unternehmung naturgemäß und unabwendbar ausgesetzt ist, gar nicht bewußt sind. Die Passivierung von Pensionsverpflichtungen kann in bestimmten Fällen (bei Gewinn) diese Gefahren in einigem abmildern, weil durch die Zurückhaltung von Mitteln das Unternehmen innerlich gekräftigt wird; eine Beseitigung dieser Gefahren durch das Pensionspassivum ist allerdings nicht gegeben. Diese Erkenntnisse führen dazu, daß die Unternehmungen gezwungen sein sollten, das Risiko, das ihnen aus dem Pensionsversprechen erwächst, an Versicherungsgesellschaften abzuwälzen.

Das Pensionsversprechen in der privaten Wirtschaft hat nicht nur eine bilanztechnische Seite, sondern eine rechtliche, eine versicherungstechnische und vor allem eine soziale Seite. Man kann nicht sagen, daß die Lösung der außerhalb der Bilanz liegenden Fragen weniger dringlich wäre; besonders angesichts der Tatsache, daß das Pensionsversprechen im Zusammenhang mit neuerlichen Fürsorgemaßnahmen privater Unternehmungen für ihre Gefolgschaft mehr im allgemeinen Interesse steht als früher. Das Pensionsversprechen ist der staatlichen und kommunalen Wirtschaft wesenseigen; es sollte nicht bedenkenlos auf die strukturell völlig anders gelagerte private Wirtschaft übertragen werden, bevor nicht alle die Fragen gelöst sind, die der Frage der Auswirkung auf das Rechenwerk der Unternehmung unzweifelhaft vorgelagert sind.

4. Zusammenfassung der bisherigen Erörterungen über die Bilanzierung von Pensionslasten und Formulierung von wahlweisen Entschließungsanträgen.

Von Wirtschaftsprüfer Dr. Carl Wirtz, Berlin, Fachleiter des Instituts der Wirtschaftsprüfer.

I. Die bisherigen Erörterungen.

Neben der sehr eingehenden Erörterung des im Jahre 1933 veröffentlichten Fachgutachtens Nr. 13/1933 über die „Bilanzierung von Pensionslasten" im Allgemeinen Fachausschuß und dem späteren Artikel von WP. Susat — WT. 35 Seite 73 — ist für die abschließende Beratung im „Großen Fachrat" das Problem nochmals durch einen Ausschuß eingehend beraten worden. Diesem Ausschuß gehörten an die Herren: RA. Dr. Adler, WP. Dr. van Aubel, WP. Dr. Beuck, WP. Dr. Brockhage, Dr. Buchholz, WP. Closterhalfen, WP. RA. Düring, Direktor Dr. Gillessen, Prof. Riebesell, WP. Prof. Dr. Schmaltz, WP. Susat, WP. RA. Dr. Velder, WP. Dr. Voigt, WP. Dr. Wirtz.

In 4 Referaten, die den Mitgliedern des „Großen Fachrats" ebenso wie die beiliegende zusammenfassende Darstellung übersandt worden sind, ist die Passivierung von Pensionsverpflichtungen rechtlich von Herrn RA. Dr. Adler, betriebswirtschaftlich von den Herren Direktor Dr. Gillessen und WP. Dr. Voigt (Begründungen für und gegen die Passivierungspflicht) und schließlich wirtschafts- und sozialpolitisch von WP. Closterhalfen untersucht worden. Diese mit ihren Ergebnissen unter III. ausgewerteten Referate sind ebenso wie die vorliegende zusammenfassende Erörterung persönliche Meinungsäußerungen der an den vorbereitenden Beratungen beteiligten Herren. Die in den Referaten vertretenen Ansichten können daher nicht ohne weiteres und sämtlich als die allgemeingültige Auffassung im Wirtschaftsprüferberuf angesehen werden. Das gilt insbesondere hinsichtlich der wirtschaftspolitischen Ausführungen von WP. Closterhalfen, bezüglich der von den übrigen Ausschußmitgliedern stark abweichenden Ansichten des Herrn WP. Dr. Voigt und schließlich auch hinsichtlich der von mir vorgetragenen subjektiv-kritischen Wertung der bisherigen Erörterungen.

Von dem sonstigen einschlägigen Schrifttum ist ohne Erörterung im einzelnen zu erwähnen[1]: Krause, Mirre, Susat, Vangerow, Bühler, Delgmann, Voigt. Während die drei zuerst genannten Stellen im Schrifttum grundsätzlich die Passivierungspflicht bejahen, sprechen sich die vier letzten Äußerungen im wesentlichen unter Berufung auf die Grenzen bilanzmäßiger Vermögensdarstellung gegen die Passivierungspflicht der Pensionsverpflichtungen aus. Mirre hat allerdings später seine Meinung geändert; umgekehrt bezeichnet Bühler, der ebenso wie die drei anderen Autoren nur ein Passivierungsrecht annimmt, die Überführung von Pensionslasten an besondere Kassen, die nach Versicherungsgrundsätzen verwaltet werden, als beste Lösung.

II. Grundsätzliche Bemerkungen zum Thema.

Einleitend ist auf das Vorwort zu der im Verlag von G. A. Gloeckner, Leipzig, erscheinenden Sammlung der Fachgutachten des Instituts der Wirtschaftsprüfer zu verweisen, in der ausdrücklich betont wird, daß die Gutachten zwar die Grundsätze ordnungsmäßiger Bilanzierung beeinflussen, daß sie aber nicht ohne weiteres Grundsätze ordnungsmäßiger Buchführung neu bilden können. Diese kurze Vorbemerkung zur Bereinigung aufgetretener Mißverständnisse und zur Umgrenzung der Autorität der Fachgutachten.

Abgesehen von den grundsätzlichen Beschränkungen der Autorität der Fachgutachten für den Wirtschaftsprüferberuf und die Wirtschaftspraxis ergeben sich aus dem Wortlaut des Fachgutachtens 13/1933 zwei ganz wesentliche Einschränkungen, die bei den bisherigen Erörterungen m. E. nicht immer genügend beachtet worden sind:

1. Die Passivierungspflicht wird in dem Gutachten nur bei unbedingten und unkündbaren Rechtsverpflichtungen zur Pensionsgewährung angenommen.
2. Die Methoden zur Errechnung der erforderlichen Gesamtrückstellung und zu ihrer Verteilung auf die aktive Dienstzeit werden in dem Gutachten ausdrücklich offen gelassen.

Insbesondere die Feststellung zu 2. ist für die kritische Würdigung der bisherigen Erörterungen und zur richtigen Auslegung und Anwendung der in dem Gutachten aufgestellten Bilanzierungsgrundsätze von außerordentlicher Wichtigkeit.

---

[1] Vgl. die genaueren und ausführlicheren Angaben im Literaturverzeichnis.

In dem betriebswirtschaftlichen Referat von Dr. Gillessen ist einleitend die Unterscheidung zwischen Anwartschaften, d. h. Ansprüchen vor Eintritt des Pensionsfalls und Pensionsverpflichtungen nach Eintritt des Pensionsfalls, abgelehnt worden, weil es sich grundsätzlich in beiden Fällen um die gleiche Verpflichtung handelt. Hierzu wäre ergänzend zu bemerken, daß wirtschaftlich und bilanzrechtlich die Pensionsverpflichtungen eine dreifache Natur im Laufe ihrer Abwicklung zeigen:

a) als schwebendes Geschäft vor Beginn der Dienstleistung und/oder der Pensionsanwartschaft;

b) ungewisse, bedingte und betagte Verpflichtungen bzw. Ansprüche während der aktiven Dienstzeit und der Pensionsanwartschaft;

c) absolute einseitige, nach Dauer und Betrag aber ebenfalls noch unübersehbare Verpflichtung des Pensionsgebers gegenüber dem Pensionär nach Eintritt des Pensionsfalls.

Während nach allgemeiner Anschauung im Falle a) eine Buchungs- bzw. Passivierungsmöglichkeit normalerweise nicht besteht, wird in dem Gutachten für die Fälle b) und c) eine Passivierungspflicht unterstellt. Der Reichsfinanzhof hat in seinen Entscheidungen für die Einkommen- und Körperschaftsteuer-Bilanz in beiden Fällen die Passivierung zugelassen, dagegen für die Vermögensteuer nur eine Passivierung für den Fall c) anerkannt. Diese (im Reichsbewertungsgesetz begründete) Unterscheidung erscheint nicht befriedigend, da in beiden Fällen ungewisse Verpflichtungen vorliegen. Die Annahme eines bloßen Passivierungsrechts statt einer Passivierungspflicht durch den RFH. im Falle b) dürfte weniger auf grundsätzliche Erwägungen handelsrechtlicher Art als auf die auch im übrigen steuerlich notwendige Ablehnung einer Nachholung unterlassener Rückstellungen für frühere Jahre zurückzuführen sein.

In diesem Zusammenhang ist auch auf die in den §§ 13—15 der 1. DVO. zum KStG. enthaltene steuerliche Regelung für die selbständigen Pensionskassen zu verweisen, die eine endgültige Klärung für die Zukunft meines Wissens noch nicht gefunden hat. Abgesehen von der unterschiedlichen Behandlung der Anwartschaften bei der Vermögensteuer und von der Annahme eines Passivierungsrechts statt einer Passivierungspflicht für Pensionsanwartschaften bestehen zwischen den Auffassungen des Fachgutachtens und der des RFH. keine Unterschiede in der betriebswirtschaftlichen Beurteilung dieser Bilanzierungsfrage.

Bei der Erörterung der Passivierung der Pensionsverpflichtungen ist die grundsätzliche Stellungnahme insbesondere auch für die Zukunft scharf zu trennen von der Beurteilung der nicht bestrittenen praktischen Schwierigkeiten, die sich aus der Nachholung früher unterlassener Rückstellungen, d. h. bei Unterstellung der Passivierungspflicht aus der Berichtigung früherer Bilanzierungsfehler ergeben. In einem Urteil des Hanseatischen Oberlandesgerichts in Hamburg (WT. 1936 Seite 413) wird die Meinung vertreten, daß die in dem Gutachten zugestandene Zeitspanne von 10 Jahren für die Nachholung „gesetzlich an sich nicht begründet, allenfalls nur noch eben zu verantworten ist“. Aus der Urteilsbegründung ist zu schließen, daß das OLG. die Übergangsregelung als eine (an sich unzulässige) Konzession bewertet wissen will.

Auch auf die neueren Tendenzen in der Frage der Pensionsgewährung und ihrer Sicherstellung ist hinzuweisen. Bei der heutigen Entwicklung besteht durchaus die Möglichkeit, daß die Pensionsansprüche durch obrigkeitlichen Eingriff und Verselbständigung in Pensionskassen o. ä. gesichert werden, wodurch die Verwaltung des Pensionskapitals außerhalb der Unternehmung gestellt wird. Die in letzter Zeit als Ausfluß der Anschauungen unserer Zeit in erhöhtem Maße zugesicherten Versorgungsbezüge wachsen sich bei ordnungsmäßiger Aufwandsverteilung zu beachtlichen Rückstellungsbeträgen aus. Wenn diese Beträge im Unternehmen bleiben, können sie gegenüber dem eigenen Kapital so erheblich anwachsen, daß das Gefolgschaftsmitglied neben dem Risiko seines Arbeitsplatzes nicht auch noch das Risiko einer Gefährdung seiner Altersversorgungsansprüche in Kauf nehmen kann. Wenn eine Abspaltung der Versorgungskapitalien in eigenen Institutionen vielleicht gesetzlich geregelt werden sollte, so wäre die Folge entweder eine außergewöhnliche Belastung der Erfolgsrechnung in Höhe des Fehlbetrages oder eine Herabsetzung der Ansprüche der Berechtigten. Ob eine solche Abwertung der Rechte mit den heutigen sozialpolitischen Anschauungen vereinbar wäre, erscheint sehr fraglich (vgl. hierzu auch die Ausführungen von WP. Closterhalfen S. 41ff.).

Es erhebt sich die Frage, ob mit der Annahme eines bloßen Passivierungsrechts statt einer Passivierungspflicht überhaupt eine Lösung der hier vorliegenden Bilanzierungsfrage gefunden ist. M. E. ist diese Frage zu verneinen. Freiwillige Rücklagen mit Eigenkapital-Charakter sind, auch wenn sie dem Namen nach eine Zweckbestimmung erhalten haben, grundsätzlich frei verfügbar. Die steuerliche Anerkennung oder Nichtanerkennung ist für die handelsrechtliche Beurteilung unerheblich. Die Annahme eines bloßen Passivierungsrechts bedeutet, daß man für die Bilanz die Pensionszusagen als nicht bestehend unterstellt, denn man könnte bei der Annahme eines bloßen Passivierungsrechts sich auch auf die rein kameralistische Verrechnung der effektiven Pensionszahlungen beschränken. Diese Lösung des Problems wird daher m. E. weder seiner betriebswirtschaftlichen noch seiner sozialpolitischen Bedeutung gerecht. Darüber hinaus bin ich der Meinung, daß die Vertreter des Passivierungsrechts tatsächlich und im Grundsatz eine Passivierungspflicht bei unwiderruflichen und unkündbaren Zusagen bejahen, daß sie unter der Bezeichnung Passivierungsrecht dagegen nur gewisse Freiheiten oder Einschränkungen in der Bemessung der Rückstellungen verstanden wissen wollen. Beim RFH. ist die Anerkennung eines bloßen Passivierungsrechts durch die steuerrechtlich und steuerfiskalisch begründete Ablehnung einer Nachholung früher unterlassener

Rückstellungen in späteren Jahren bedingt, bei den übrigen Vertretern des Passivierungsrechts handelt es sich vorwiegend um die Frage „kapitalisierte Rückstellung" oder „Nicht-Kapitalisierung" (Prämienverrechnung, Umlage oder Schätzungsrückstellung). Diese Frage liegt aber nicht auf bilanzrechtlichem, sondern auf versicherungstechnischem Gebiet. Unter III. wird hierauf noch zurückzukommen sein.

Für das Verhalten der Bilanzierungspraxis zur Frage der Passivierung von Pensionsverpflichtungen können schlüssige und zuverlässige statistische Unterlagen nur schwer beigebracht werden, da eine Ermittlung der Rechtsverhältnisse und der Berechnungsgrundlagen für jeden Einzelfall mit umfangreicher und meist nicht ganz einfacher Arbeit verbunden ist. Immerhin kann auch ohne statistische Erhebungen die heutige Sachlage dahin gekennzeichnet werden, daß eine sehr große Anzahl von Firmen die Passivierungspflicht bejaht, während andere nur geringe oder gar keine Rückstellungen in die Bilanz einsetzen. Hieraus ergibt sich, daß die Bilanzierungspraxis für die Pensionsverpflichtungen noch nicht einheitlich ist, was noch nicht ohne weiteres einen Rückschluß auf die diesbezüglichen Grundsätze ordnungsmäßiger Buchführung zuläßt und wobei die Frage offenbleibt, ob bei hohen Passivierungen das Fachgutachten maßgeblichen Einfluß gehabt hat oder welche besonderen Gründe in den anderen Fällen eine Passivierung in der Bilanz nicht notwendig oder durchführbar erscheinen ließen. Für die Beurteilung der Notwendigkeit und Höhe der Pensionsrückstellungen kommt es, wie bei allen Bilanzierungsfragen, stets auf die rechtlichen und wirtschaftlichen Verhältnisse und Zusammenhänge des Einzelfalls an.

III. Kritische Zusammenfassung der in den Referaten enthaltenen Ergebnisse.

Im Referat von RA. Dr. Adler wird der Nachweis geführt, daß rechtsverbindliche, unkündbare und unwiderrufliche Pensionszusagen Schulden im zivilrechtlichen Sinne sind. Zivilrechtliche Schulden sind im Regelfalle auch passivierungspflichtige Schulden im bilanzrechtlichen Sinne. Insbesondere ist dann, wenn nach der von RA. Dr. Adler angeführten Reichsgerichtsentscheidung die Entstehung solcher Schulden, sei es auch nur in gewisser Durchschnittshöhe, sicher oder höchst wahrscheinlich ist, der Schätzungswert dieser „ungewissen Schulden" (vgl. § 131 B IV AktG.) in der Bilanz anzusetzen. Der Meinung von WP. Dr. Voigt, daß Pensionszusagen nur Eventualverpflichtungen seien, die in der Bilanz notizweise vor dem Strich oder im Geschäftsbericht zu erwähnen sind, kann ich nicht folgen. Eventualverpflichtungen sind nur dann und nur solange Avale in der Vorspalte der Bilanz, als für eine Inanspruchnahme des bilanzierenden Unternehmens (z. B. bei Bürgschaften) keine Wahrscheinlichkeit besteht. Im Gegensatz zu solchen Eventualverpflichtungen ist aber im Normalfalle bei rechtsverbindlichen Pensionszusagen, wenn sie einen sozialen und wirtschaftlichen Sinn haben sollen, mit einer Inanspruchnahme zu rechnen. Hierfür ist aber nach allgemein anerkannter Bilanzierungspraxis, genau so wie bei wahrscheinlich zur Einlösung kommenden Bürgschaften, die Einsetzung einer Rückstellung in der Bilanz erforderlich, wobei im Gegensatz zu den bei Bürgschaften häufig vorhandenen Rückgriffsrechten solche bei Pensionsverpflichtungen nicht gegeben sind. Es kann also dann nicht mehr nur von Eventualverpflichtungen gesprochen werden, es handelt sich vielmehr um in ihrer Höhe und Fälligkeit noch nicht übersehbare Schulden. Auf Grund der bilanzrechtlichen Untersuchung dürfte also eine Passivierungspflicht anzunehmen sein, wenn nicht im Einzelfalle oder allgemein ein Grundsatz ordnungsmäßiger Buchführung für die Nichteinsetzung eines Passivpostens in der Bilanz angenommen werden kann. Allgemein wird diese Frage in der Untersuchung von RA. Dr. Adler verneint, im Einzelfalle kommt es auf eine Untersuchung der betriebswirtschaftlichen Voraussetzungen und Zusammenhänge an. Ich bin der Meinung, daß die völlige Weglassung eines Pensionspassivums aus der Bilanz bei Vorliegen wesentlicher absoluter Pensionsverpflichtungen bei Privatunternehmungen nach dem heutigen Stande der bilanzrechtlichen Anschauungen und der Grundsätze ordnungsmäßiger Buchführung wenn nicht als absoluter Verstoß gegen die Ordnungsmäßigkeit der Bilanz, so doch zum mindesten als ein für die Beurteilung der Bilanzierung im Sinne der §§ 239/240 KO. beachtliches Moment angesehen werden muß. Ob die Weglassung des Pensionspassivums allein bereits die konkursrechtlichen Strafvoraussetzungen erfüllt, kann allerdings bei der erst in der Nachkriegszeit erfolgten und noch nicht abgeschlossenen Klärung dieser Bilanzierungsfrage zweifelhaft erscheinen.

Bei der betriebswirtschaftlichen Erörterung der Pensionsverpflichtungen ist von WP. Dr. Voigt auf die Tatsache der Weiterexistenz und der erfolgversprechenden Betriebsbereitschaft (Seite 25) sowie auf den Gewinn (Seite 29) als ausreichende Deckung der Pensionsverpflichtungen verwiesen worden. Darüber hinaus wird eine weitere Rückstellung in der Bilanz nicht für erforderlich gehalten. Wenn das Vorhandensein eines entsprechenden Firmenwertes oder Reingewinns die tatsächliche und rechtliche Voraussetzung für eine Pensionsgewährung im Einzelfalle ist, dann liegt keine Passivierungsnotwendigkeit vor, weil es sich hierbei gar nicht um unbedingte, sondern nur um bedingte Pensionsverpflichtungen handelt. Über diese ist aber hier nicht zu sprechen (vgl. dazu Gutachten 13/1933 Nr. 2 und 3). Absolute Pensionsverpflichtungen können weder rechtlich noch wirtschaftlich mit nicht bilanzierungspflichtigen Gewinnbeteiligungen gleichgesetzt werden (vgl. hierzu Gutachten 3/1935), sie sind als zusätzliche Gehaltszahlungen Kostenfaktoren, d. h. betriebswirtschaftlich und bilanzmäßig entsprechend zu behandeln. Hier besteht zwischen den Ausführungen von Dr. Gillessen und WP. Dr. Voigt eine wesentliche Meinungsverschiedenheit. Dr. Gillessen will in völliger Übereinstimmung mit der betriebswirtschaftlich gleichen Ansicht des RFH. die Rückstellungen für die nach Erreichung eines bestimmten Alters oder Erfüllung anderer Voraussetzungen als Zusatzgehalt später zahlbaren Pensionen als Kostenaufwand den Jahren der aktiven Dienstzeit belasten. Dr. Voigt hält demgegenüber auch betriebswirtschaftlich-kostenmäßig die Verrechnung von Pensionen erst im Zeitpunkt der späteren Zahlung für vertretbar, weil nach seiner Ansicht der Geist und die Arbeit der Pensionsberechtigten auch nach ihrer Pensionierung im Unternehmen noch wirksam sind. Abgesehen davon, daß dies allenfalls in besonders gelagerten Einzelfällen und nur bei leitenden Angestellten möglich ist, erscheint mir diese Ansicht in den weitaus meisten Fällen nicht den wirtschaftlichen Tatbeständen gerecht zu werden. Es geht jedenfalls nicht an, durch solche schwer beweisbaren zeitlichen Aufteilungen der persönlichen Leistungserfolge die auf einer klaren und einfachen Rechnungsabgrenzung (auch für noch nicht effektiv gezahlte Aufwendungen und Erträge) beruhende Jahreserfolgsrechnung zu gefährden.

Auf die im übrigen m. E. schlüssige betriebswirtschaftliche Begründung von Dr. Gillessen für die Passivierungspflicht braucht nicht näher eingegangen zu werden. Ebenso kann auf eine Erörterung der von Dr. Voigt m. E. zu Unrecht an dem Beispiel der Pensionsverpflichtungen aufgezeigten Grenzen bilanzmäßiger Vermögensdarstellung für die laufende Jahresabschlußbilanz verzichtet werden, weil nach allgemein anerkannter betriebswirtschaftlicher Auffassung feststeht, daß die gewöhnliche Jahresbilanz in erster Linie die Aufgabe dynamischer Jahreserfolgsrechnung hat und nur in zweiter Linie und mit erheblichen Einschränkungen eine sehr begrenzte Vermögensdarstellung geben kann. Wenn Dr. Voigt S. 30 die Frage stellt: „Sind die Pensionsverpflichtungen in der Bilanz mit dem kapitalisierten Betrag passivierungspflichtig?", so scheint mir aus dieser Fragestellung der schwerwiegendste Irrtum in der Beurteilung der durch das Gutachten 13/1933 aufgestellten Bilanzierungsgrundsätze besonders deutlich hervorzugehen. Wie bereits erwähnt, ist die so gestellte Frage keine bilanzrechtliche, sondern eine versicherungswirtschaftliche und versicherungstechnische. Da sie für die praktische Handhabung des Grundsatzes der Passivierungspflicht wichtig ist, soll sie hier kurz erläutert werden.

Vorweg ist jedoch auf den Einwand von Dr. Voigt einzugehen, daß in der ganzen Bilanzierungsfrage nur eine subjektive Schätzung ins Blaue möglich sei. Es ist zuzugeben, daß wie bei allen schwierigen Bilanzierungs- und Bewertungsfragen auch bei Pensionsrückstellungen häufig eine absolut genaue Berechnung kaum möglich ist. Trotzdem wird man eine unter Heranziehung aller möglichen Unterlagen und Berechnungsmethoden erfolgende Bilanzierung nicht als subjektiv bezeichnen können. Wenn das pflichtgemäße Ermessen der bilanzierenden Unternehmungen und des Wirtschaftsprüfers die Bilanzierung von Pensionslasten nach bestimmten wirtschaftlich vertretbaren Unterlagen entscheidet, wird man nicht mehr von einer subjektiven Schätzung ins Blaue, sondern von einer im Rahmen des Möglichen bleibenden objektiven Bilanzierung sprechen müssen.

Versicherungstechnisch sind folgende Errechnungsmethoden für die Pensionsrückstellungen möglich:

1. Das Kapitaldeckungsverfahren, d. h. für die Bilanz vorausschauend kapitalisierte Pensionsrückstellungen.

2. Das Umlageverfahren, d. h. grundsätzlich nur Verrechnung der effektiv gezahlten Beträge im Zeitpunkt der Zahlung, vorbehaltlich 3.

3. Da schon rein versicherungstechnisch auch bei einem Umlageverfahren nicht ohne gewisse Ausgleichsrücklagen auszukommen ist, ergibt sich auch unter dem Gesichtspunkt kaufmännisch vorsichtiger Bilanzierung als dritte Möglichkeit ein Mittelweg, der unter Verzicht auf rein versicherungstechnische Kapitalisierung entweder Ausgleichsrücklagen oder unter Berücksichtigung besonderer Verhältnisse des Einzelfalls nach kaufmännischen Grundsätzen geschätzte Rückstellungsbeträge in die Bilanz einsetzt.

Wenn von WP. Closterhalfen, WP. Dr. Voigt und Dr. Gillessen behauptet wird, daß die Gewährung von Pensionsverpflichtungen und die Bilanzierung nach dem Kapitaldeckungsverfahren in die Geschäftsgebarung und die Bilanzierung privater Unternehmungen einen wesensfremden Zug hineinbringe und daß dementsprechend besser derartige Verpflichtungen auf die eigens hierfür vorhandenen Versicherungsunternehmungen abgewälzt würden, so möchte ich dieser Meinung nicht allgemein und für jeden Fall zustimmen. Unter der Voraussetzung, daß die betreffende Betriebsgemeinschaft kapitalmäßig und auf Grund ihrer Rentabilität zur Tragung solcher Pensionslasten befähigt ist, erscheint mir die Deckung der Pensionszusagen im Betriebe selbst nicht ohne weiteres als wesensfremd oder betriebswirtschaftlich bedenklich. Es ist m. E. durchaus möglich, daß ein Großunternehmen mit jahrzehntelanger Tradition, gesicherter Kapitalbasis und Rentabilität diese Eigendeckung nicht einmal unbedingt nach dem (betriebswirtschaftlich klareren und wünschenswerteren) Kapitaldeckungsverfahren vornehmen muß. Selbst wenn aber ein derartiges besonders gut fundiertes Großunternehmen mehr oder weniger für die Beurteilung der Pensionsbilanzierung den versicherungstechnischen Gedanken des Umlageverfahrens zur Anwendung bringt, so wird es trotzdem nach den Gründen kaufmännischer Vorsicht nicht auf gewisse Ausgleichsrücklagen verzichten und außerdem stets darauf achten müssen, daß zwischen den laufenden Personalaufwendungen für die aktiv tätige Gefolgschaft, den bereits zahlbaren Pensionen und den noch schwebenden Pensionsanwartschaften ein angemessenes Verhältnis gewahrt bleibt. Die Pensionszahlungen dürften m. E. auch bei solchen besonders gut fundierten Unternehmungen 15%, vielleicht sogar noch weniger, der laufenden Personalaufwendungen für die aktive Gefolgschaft nicht übersteigen. Im Zweifel dürfen m. E. Privatunternehmungen, deren Kapitalbasis und Rentabilität eine ganz einwandfreie Sicherung auf lange Dauer nicht gewährleisten, Pensionsverpflichtungen nur nach dem Kapitaldeckungsverfahren bilanzieren, falls nicht die Pensionsregelung über besondere Versicherungsträger vorgezogen wird. Ein völliger Verzicht auf Passivierung unter Anwendung der Grundsätze des Umlageverfahrens ist nur vertretbar bei Unternehmungen, die ein direktes Rückgriffsrecht gegenüber einer Gebietskörperschaft haben und die entsprechend eine rein kameralistische Abrechnung für sich vertreten können, d. h. z. B. bei Kommunalunternehmungen in der Form sog. Eigenbetriebe. Ob aber z. B. private Eisenbahnunternehmungen unter Hinweis auf ihre durch die Staatsaufsicht gebundene Monopolpreispolitik ähnliche Begründungen für die Nichtpassivierung ihrer Pensionsverpflichtungen vorbringen können, erscheint mir zum mindesten fraglich. Bei der allgemein erkannten Reformbedürftigkeit der Rechnungslegungsvorschriften und der Bilanzgewohnheiten für Privat- und Kleinbahnen bietet gerade dieser Wirtschaftszweig ein sehr ungeeignetes Beispiel für die Untersuchung der Pensionsverpflichtungen. Daher halte ich auch die von Dr. Voigt aus diesem Wirtschaftszweig gebrachten Beispiele auf S. 28 f. nicht für durchschlagend. Im übrigen sind m. E. Abweichungen vom Kapitaldeckungsverfahren für Pensionsverpflichtungen im Geschäftsbericht zu erläutern und zu begründen.

Die wirtschafts- und sozialpolitische Seite der Pensionsverpflichtungen kann hier als über die Zuständigkeit der beim I. d. W. bestehenden Ausschüsse weit hinausgehend nicht näher behandelt werden. Wenn in den Ausführungen von WP. Closterhalfen bis zu einem gewissen Grade ein Verbot der Übernahme von Pensionsverpflichtungen durch Privatunternehmungen und ein Zwang zur Überführung auf Versicherungsunternehmungen gefordert wird, so kann ich mich, wie bereits gesagt, dieser Meinung nicht anschließen. Bei entsprechenden Voraussetzungen der Kapitalbasis, der Rentabilität, der Bilanzierung und der Organisation können große und starke Betriebsgemeinschaften Pensionsverpflichtungen durchaus auch selbst tragen. Gerade eine solche Betriebsgemeinschaft wird aber auf eine Passivierung der Pensionsverpflichtungen nicht völlig verzichten können, wenn sie nicht die noch stärkere Sicherung in eigenen selbständigen Pensionskassen vorzieht. Für diese eigenen Pensionskassen ist dann allerdings m. E. die staatliche Versicherungsaufsicht und eine gegenüber der bisherigen Regelung für die Körperschaftsteuer wesentlich großzügigere steuerliche Anerkennung unbedingt notwendig.

IV. Zusammenfassung und Entschließungsanträge.

Nach dem Gesamtergebnis der bisherigen Erörterungen und der dem Großen Fachrat zugeleiteten Referate ergeben sich folgende wahlweise zur Beratung gestellten Entschließungsanträge:

1. Die Passivierungspflicht von rechtsverbindlichen, unkündbaren und unwiderruflichen Pensionszusagen eines Privatunternehmens gegenüber Angehörigen seiner Gefolgschaft ergibt sich — ergibt sich nicht — aus § 40 HGB., da es sich um Schulden im zivilrechtlichen und / oder bilanzrechtlichen Sinne handelt — nicht handelt —.

2. (Nur wenn die Frage zu 1. verneint wird.) Die aus dem unmittelbaren Wortlaut des Gesetzes nicht abzuleitende Passivierungspflicht ergibt sich — ergibt sich nicht — aus den im Gesetz als Generalregel genannten Grundsätzen ordnungsmäßiger Buchführung und Bilanzierung, weil die Notwendigkeit der Passivierung rechtsverbindlicher Pensionszusagen in der begründeten Praxis sorgfältiger Wirtschaftsunternehmer grundsätzlich und allgemein bejaht — verneint — wird. Die Entscheidung über die zur Errechnung der Pensionsrückstellungen anzuwendenden Methoden bleibt (wie auch schon in dem Gutachten 13/1933) offen, d. h. dem pflichtgemäßen Ermessen unter Berücksichtigung aller Voraussetzungen und Zusammenhänge des Einzelfalls vorbehalten.

3. (Nur wenn 1. und 2. verneint werden.) Die Grundsätze ordnungsmäßiger Buchführung für Pensionsverpflichtungen sind noch nicht soweit geklärt, daß sich hieraus eine Passivierungspflicht ergibt; das die Passivierungspflicht unterstellende Gutachten 13/1933 ist daher nur als eine Empfehlung anzusehen. Nach den Grundsätzen einer klaren, übersichtlichen und getreuen Rechnungslegung ist der Maximalbetrag der schätzungsweise kapitalisierten Pensionsverpflichtungen im Geschäftsbericht oder in der Vorspalte der Bilanz oder in einer Fußnote zur Bilanz zu erwähnen — nach den erwähnten Grundsätzen ist ein Vermerk in der Bilanz oder im Geschäftsbericht nicht notwendig —.

Ich empfehle nach den sehr eingehenden bisherigen Beratungen die unter 2. gestellte Frage zu bejahen und entsprechend festzustellen, daß für Bilanzen, in denen die erforderlichen Beträge nicht zurückgestellt sind, die fehlende Rückstellung im Bilanzbestätigungsvermerk und/oder im Geschäftsbericht zum Ausdruck gebracht werden muß.

b) Über die volkswirtschaftliche und sozialpolitische Bedeutung der Pensionszusagen.

Von Wirtschaftsprüfer Carl Closterhalfen, Berlin.

I. Die sozialpolitische und wirtschaftliche Bedeutung von Pensionszusagen.

Die sozialpolitische und wirtschaftliche Bedeutung der Pensionszusagen ist dadurch wesentlich erhöht worden, daß der Weltkrieg und die Inflation die Sicherheit der Alters- und Hinterbliebenenversorgung stark beeinträchtigt haben. Das Arbeitseinkommen hat gegenüber anderen Einkommensarten ständig an Umfang gewonnen. Nur die allerwenigsten Volksgenossen sind imstande, die eigene Versorgung im Alter und die Sicherstellung ihrer Hinterbliebenen aus den Zinsen ihrer Kapitalanlagen oder auch aus dem Stamm des Vermögens zu bestreiten, das sie ererbt oder während der Zeit der Berufstätigkeit als Ersparnisse zurückgelegt haben. Lebensversicherungen kommen zwar vielfach vor, aber in sehr vielen Fällen nicht in ausreichender Höhe.

Die staatliche Zwangsversicherung erfaßt nur die kleinen und mittleren Arbeitseinkommen, sie ist überdies den Leistungen nach nur knapp ausreichend. Deshalb waren das Reich und Preußen vor neun Jahren genötigt, besondere Abkommen mit den Gewerkschaften über die Zusatzversorgung der in öffentlichen Diensten stehenden Angestellten und Arbeiter zu treffen. Bei dieser Zusatzversorgung tragen die Hoheitsverwaltungen zwei Drittel der Beiträge der Über- oder Zusatzversicherung, die Gefolgschaftsmitglieder ein Drittel, während die Beiträge sowohl bei der Invaliden- wie bei der Angestelltenversicherung im Verhältnis 1:1 aufgeteilt sind. Nach diesem Muster der Hoheitsverwaltungen haben viele Privatbetriebe die freiwillige Überversicherung der Angestellten, nur selten der Arbeiter, durchgeführt, wobei für die Aufbringung der Beiträge ganz verschiedene Schlüssel in Gebrauch sind. Im allgemeinen befriedigen diese Lösungen nicht, da das Verhältnis von Beitrag und Leistung der Sozialversicherung für viele gerade hier in Betracht kommende Fälle unzulänglich ist.

Wir sehen im Dritten Reich die Fürsorge der Betriebe für die Gefolgschaftsmitglieder mit ganz anderen Augen als das liberalistische Zeitalter an. Aus der Gemeinschaftsarbeit und dem durch sie begründeten gegenseitigen Treueverhältnis ergibt sich die Verpflichtung des Betriebes nicht nur zu einer gerechten Entlohnung, sondern auch zur Sicherung des Einzelnen im Alter, in den Jahren der Berufsunfähigkeit und in anderen Notfällen. § 77 des Aktiengesetzes schreibt vor, daß die Gewinnbeteiligungen der Vorstandsmitglieder von Aktiengesellschaften in einem angemessenen Verhältnis zu den Aufwendungen zugunsten der Gefolgschaft oder zugunsten von Einrichtungen stehen sollen, die dem gemeinen Wohl dienen. Die amtliche Begründung des neuen Aktiengesetzes weist darauf hin, daß unter Aufwendungen zugunsten der Gefolgschaft dem Sinne der Vorschrift entsprechend Löhne, Gehälter und soziale Abgaben nicht fallen. Da die Öffentlichkeit in hohem Maße an der Einhaltung dieses Gebots beteiligt ist, so kann als Vertreterin des öffentlichen Interesses die Staatsanwaltschaft im Klagewege einschreiten, falls das Verhältnis unangemessen ist.

Erhöhte Bedeutung gewinnt die Zukunftssicherung der Gefolgschaft in solchen Fällen, in denen besondere Leistungen des Betriebes geboten sind, weil entweder der Angestellte der Gemeinschaft lange Jahrzehnte die Gefolgschaftstreue hielt oder weil besondere Betriebswagnisse, die sich aus der Eigenart des Betriebszweiges ergeben, einen besonderen Ausgleich nahelegen, oder auch dort etwa, wo ungünstige Standortverhältnisse die Gefolgschaftsmitglieder von dem regen kulturellen Austausch fernhalten, den ein Wohnen in größeren Gemeinden mit mannigfaltigen Ausbildungsmöglichkeiten für den Nachwuchs mit sich bringt.

Das Deutsche Beamtengesetz vom 26. Januar 1937 betont für die Beamten neben dem Anspruch auf ausreichendes Gehalt die Zukunftssicherung für die Fälle des Alters und der Dienstunfähigkeit. Die öffentliche Hand legt die dadurch entstehenden Belastungen meist dadurch auf die Allgemeinheit um, daß sie Versorgungsbezüge bei Fälligkeit zu Lasten des jeweils laufenden Haushaltsjahres ausgibt. Vielfach wird aber auch bei den Beamten der Gemeinden, Gemeindeverbände und sonstiger Selbstverwaltungskörperschaften nicht das Umlage-, sondern das vorschauende Kapitaldeckungsverfahren benutzt: Man zahlt während der Dienstzeit des Beamten an eine — meist für eine Provinz eingerichtete — Pensions- oder Witwenkasse Beiträge, die zwischen 8% und 30% der laufenden Bezüge schwanken.

Privatbetriebe haben stets — in der Vergangenheit allerdings vielfach weniger aus sozialpolitischen Erwägungen heraus, als um sich im Wettbewerb mit der öffentlichen Hand Kräfte mit überdurchschnittlichen Fähigkeiten und Erfahrungen zu sichern — ein verständliches Interesse daran gehabt, ihre Angestellten nicht schlechter als entsprechende Beamte zu stellen und ihnen in folgerichtiger Fortsetzung dieser Überlegung eine genügende Versorgung zu sichern. Der Privatbetrieb ist aber, sieht man von wenigen Ausnahmen ab, nicht auf ewige Dauer abgestellt. Es widerstreitet im allgemeinen seinem Wesen, über Zeiträume zu disponieren, die mehrere Jahrzehnte umfassen. Er braucht seine Mittel für den eigenen Betriebszweck und arbeitet unwirtschaftlich, wenn er einen belangreichen Anteil des Kapitals für betriebsfremde Zwecke absondert. Dadurch, daß im letzten Menschenalter (vor allem nach der Kriegs- und Inflationszeit) in steigendem Umfange große, mittlere und kleine Privatbetriebe ihren Angestellten — meist allerdings nur wenigen leitenden Personen — rechtlich bindende Pensionszusagen machten, wandten sie sich einem Geschäftszweige zu, dessen Wesen der Ausgleich von über Jahrzehnte hinaus sich erstreckenden Einnahmen und Ausgaben ist und dessen technische Handhabung keineswegs geringe Schwierigkeiten mit sich bringt: dem Versicherungswesen. Typische Aufgabe des Versicherungsbetriebes ist es, Jahrzehnte auseinanderliegende Leistungen und Gegenleistungen aufeinander abzustimmen.

II. Die zweckmäßige Form der Deckung von Pensionsverpflichtungen.

Wäre die Lösung der Frage der Pensionsversorgung der Angestellten den Fachleuten des Versicherungsgewerbes überlassen worden, niemals hätte die Frage der Passivierung von Pensionsverpflichtungen die Bedeutung gewonnen, die ihr in den letzten Jahren zukommt. Eine sozialpolitisch so notwendige wie einschneidende Aufgabe sollte ausschließlich den in bewährter Arbeitsteilung geschaffenen Sondereinrichtungen — sei es nun öffentlich-rechtlicher, sei es privater Unternehmungen — mit ihren dafür besonders ausgebildeten Fachkräften vorbehalten bleiben, um so mehr als, falls nur wenige leitende Angestellte versorgt werden sollen, das Gesetz der großen Zahl nur recht bedingt oder gar nicht gilt.

Der Abschluß einer Versicherung ist die gegebene Form der Deckung für Pensionszusagen. Erscheint die Deckung durch freiwillige Zusatzversicherung zu der staatlichen Zwangsversicherung in mancher Hinsicht unbefriedigend, so ist sie doch in jeder Hinsicht der jetzt vorherrschenden „Selbstversicherung" vorzuziehen. In der Schadensversicherung war in den Jahren des Währungsverfalls die sog. Selbstversicherung recht beliebt; man hat sich aber längst wieder von den Irrwegen der Inflationsjahre abgewandt. Bei den Pensionszusagen gegenüber den Gefolgschaftsmitgliedern ist bisher eine Umkehr von dem Holzwege der Selbstdeckung kaum festzustellen. Folgerichtig zu Ende gedacht müßte das Verfahren der Selbstübernahme der durch die Zusage der Versorgungsleistungen übernommenen Wagnisse zu der Forderung führen, daß die im Versicherungsaufsichtsgesetz von 1931 den Versicherungsunternehmungen auferlegten Verpflichtungen zur Bildung ausreichender Rückstellungen, zu deren gesonderter Anlage in besonders verwalteten Fonds und zur Pflichtprüfung auch für Privatunternehmen gelten müßten, die durch rechtsverbindliche, unkündbare Pensionszusagen Verbindlichkeiten schaffen, die sich ihrem rechtlichen und wirtschaftlichen Inhalt nach nicht von Leistungen unterscheiden, zu denen sich eine Versicherungs-Aktiengesellschaft oder ein Versicherungsverein auf Gegenseitigkeit oder eine Versicherungsanstalt im Renten-Versicherungsvertrage verpflichten.

Eine Umkehr von dem verkehrten Wege wird vielleicht dadurch angebahnt, daß nach § 75 des Aktiengesetzes Vorstandsmitglieder nur auf höchstens fünf Jahre bestellt werden dürfen, daß nach § 78 Abs. 2 desselben Gesetzes bei einer wesentlichen Verschlechterung des Unternehmens die Gesamtbezüge des Vorstandes herabgesetzt werden können und nach § 78 Abs. 3 im Konkursfalle die Rechte von Vorstandsmitgliedern für die ihnen durch die Aufhebung des Dienstverhältnisses entstehenden Schäden für nur zwei Jahre seit dem Ablauf des Dienstverhältnisses beschränkt werden. Diese Bestimmungen zwingen dazu, die Versorgung der Vorstandsmitglieder von Aktiengesellschaften — diese kamen in der Vergangenheit vorzugsweise für Pensionszusagen in Betracht — auf eine andere Grundlage zu stellen. Diese Grundlage ist so zu wählen, daß auf ihr die — wie oben dargelegt dringend notwendige — Versorgung aller Gefolgschaftsmitglieder, nicht nur die der leitenden Angestellten, sondern aller Angestellten und Arbeiter, geregelt werden kann.

III. Pensionsrückstellungen bei privaten Einzelunternehmungen.

Im Gegensatz zu der großen Gefahrengemeinschaft eines an Zahl bedeutenden Versichertenbestandes mit Risikenausgleich und Risikenmischung ist die kleine Gefahrengemeinschaft eines Einzelbetriebes meist für eine

Deckung nach versicherungstechnischen und versicherungswirtschaftlichen Grundsätzen nicht ausreichend. Pensionszusagen von noch so großen Privatunternehmungen, die nicht anderweitig gesichert sind, haben deshalb, wie Beispiele verschiedenster Art bewiesen haben, nur einen sehr bedingten Wert.

Die Bildung von passiven Pensionsrückstellungen, deren Höhe in vielen Fällen unzureichend ist, ist nur ein Notbehelf. Wird er gewählt, dann muß die Rückstellung nach versicherungsmathematischen Grundsätzen berechnet werden. Das bedeutet die Berechnung der Jahresbeiträge an die fingierte Versicherungsunternehmung nach dem Nettoverfahren, ohne Aufschläge für Verwaltungskosten, Sicherheitszuschläge und Gewinnanteile; das bedeutet weiter die jährliche Zuführung der so errechneten Jahresprämien und der Zinsen zu der Rückstellung, der die Pensionszahlungen entnommen werden. Mehr- und Minderbelastungen, die gegenüber der versicherungsmathematischen Erwartung in den einzelnen Jahren auftreten — sie werden bei der kleinen Zahl unter Risiko stehender Leben recht erheblichen Schwankungen unterworfen sein —, die sog. Sterblichkeitsgewinne und -verluste sind als außergewöhnlicher Aufwand oder außergewöhnlicher Ertrag zu Lasten des betreffenden Jahres über die Gewinn- und Verlustrechnung zu leiten. Greift man, weil eine regelmäßige jährliche Neuberechnung der Rückstellung nach genauen versicherungsmathematischen Rechnungsverfahren mit dem dafür erforderlichen Zeitaufwand wirtschaftlich nicht zu verantworten ist, zu Näherungsverfahren, so müßte das gemäß § 128 Abs. 3 des Aktiengesetzes im Geschäftsbericht gesagt werden; wenigstens für alle fünf Jahre ist eine genaue Berechnung aufzustellen. (Vgl. hierzu Anhang 1.)

Jede Versicherungsunternehmung gibt den Teil der übernommenen Risiken, der aus einem gewissen, nach mathematischen Regeln festgelegten Rahmen herausfällt, bei einer Rückversicherungsgesellschaft in Rückdeckung. Die Übertragung dieses gesunden Grundsatzes erheischt, daß Privatbetriebe, welche Pensionszusagen gemacht haben, die einen gewissen Umfang übersteigen, das überschießende Risiko bei einer Versicherungsgesellschaft in Rückdeckung geben. (Der angemessene Umfang wäre aus dem Verhältnis der notwendigen Rückstellung zum Eigenkapital zu ermitteln. Die erforderliche Rückstellung übersteigt heute häufig 10%, in einigen mir bekannt gewordenen besonders krassen Fällen 100% des Eigenkapitals; das Risiko aus Pensionsverpflichtungen kann damit, wie Beispiele jahraus jahrein zeigen, den Hauptgeschäftszweig des Unternehmens schwer schädigen.) Bejaht man diese Forderung, so ist nur ein kleiner Schritt bis zu der praktisch zweckmäßigen Lösung: Entlastung des Betriebes von allen versicherungstechnischen Fragen und Fortgabe der ganzen Pensionszusagen an eine der dafür geschaffenen, hauptberuflich tätigen und einer besonders strengen Fachaufsicht unterstellten Versicherungseinrichtungen. Dabei sind noch die verschiedensten Wege gangbar. Der Betrieb zahlt dem Angestellten neben dem Gehalt für die Dauer der Dienstzeit Zuschüsse zu von diesem für eigene Rechnung abgeschlossenen Lebens- oder Rentenversicherungen, oder der Betrieb schließt eine dieser Versicherungsarten selbst zugunsten der Angestellten ab, wobei Vereinbarungen darüber zu treffen sind, daß die Versicherung mit dem Ausscheiden des Angestellten auf diesen als Versicherungsnehmer übergeht. Oder der Betrieb übernimmt ganz oder mit einem vereinbarten Anteil Beiträge zu einer Überversicherung des Gefolgschaftsmitgliedes als Ergänzung der staatlichen Zwangsversicherung (Invaliden- oder Angestelltenversicherung).

IV. Gesetzliche Regelung privater Pensionszusagen.

Die Anforderungen, welche der Steuerfiskus an werkseigene Pensionskassen stellt, sind im Laufe der Jahre ständig verschärft worden, wobei vor allem steuerliche Interessen maßgebend waren. Ich befürworte die allmähliche Abwicklung dieser Pensionskassen, sei es, daß eine Aufnahmesperre vorgeschrieben wird und dann nur die alten Bestände bis zum Aussterben des ganzen Bestandes verwaltet werden, sei es dadurch, daß die Pensionskassen ihr ganzes Portefeuille an ein genehmigtes Versicherungsunternehmen übertragen oder sich in einen Versicherungsverein auf Gegenseitigkeit umwandeln. Die einschlägigen Vorschriften würden zweckmäßig einen Teil des m. E. dringend erwünschten Privatpensionsgesetzes bilden, das im übrigen die zulässigen Formen der Alters- und Hinterbliebenenversorgung der Kopf- und Handarbeiter zu regeln hätte. So könnten auch die Unstimmigkeiten gelöst werden, die sich in der Gesetzgebung und in der Rechtsprechung des Reichsfinanzhofes in bezug auf die Zulässigkeit von Pensionsrückstellungen bei der Einkommen- und Körperschaftsteuer einerseits, bei der Vermögensteuer andererseits ergeben haben. Im Hauptteil hätte das Privatpensionsgesetz festzulegen, welche Formen der Versorgung von Gefolgschaftsmitgliedern zulässig und in welcher Weise die Rücklagen sicherzustellen sind.

Die Arbeitskraft, die, wenn auch nur auf dem Papier, unter dem besonderen Schutz der Weimarer Verfassung stand und deren Erhaltung und Sicherung eine vordringliche Aufgabe der Gegenwart, nicht zuletzt im Zeichen des Vierjahresplanes, ist, muß ausreichend geschützt werden. Die für Notzeiten aufgebrachten Beträge sind so anzulegen, daß sie den Zugriffen Dritter, aber auch dem des eigenen Betriebes, entzogen sind. Es empfiehlt sich, in dem Privatpensionsgesetz verschiedene Möglichkeiten einer gegenüber den jetzigen Verhältnissen verbesserten Alters-, Hinterbliebenen- und Berufsunfähigkeits-Versorgung vorzusehen; dabei bliebe den Beteiligten, Gefolgschaftsmitglied und Betriebsleiter, die Wahl zwischen den verschiedenen Möglichkeiten. In Frage kommen

1. Erleichterung einer freiwilligen Überversicherung bei der staatlichen, in den Grundbeiträgen mit Zwangscharakter ausgestatteten Sozialversicherung;

2. Ausbau der Privatversicherung, einerlei, ob sie auf seiten der Versicherer von einer Privatversicherungsunternehmung oder einer Anstalt der öffentlichrechtlichen Versicherung betrieben wird; hier wäre in erster Reihe zu denken an

a) Ausbau der Rentenversicherung. Die Rentenversicherung, die z. B. in USA. über 10% aller Verträge der Lebensversicherungsgesellschaften umfaßt, wäre zu fördern. Die Bildung gesonderter Gewinnverbände mit rechtzeitiger Ausschüttung der Gewinnüberschüsse müßte begünstigt werden;

b) die in den letzten Jahren außerordentlich strittigen Fragenkomplexe der Gruppenversicherung, der Berufsversicherung und der privaten Krankenversicherung müßten bereinigt werden.

V. Leitsätze für die Gewährung von Pensionszusagen.

1. Der Ausbau der Versorgung von Gefolgschaftsmitgliedern für a) das Alter, b) die Fälle vorzeitiger Berufsunfähigkeit, c) die Hinterbliebenen über das durch die Sozialversicherung gegebene Mindestmaß hinaus ist geboten.

2. Unbedingte unkündbare Pensionszusagen eines Privatunternehmens sind betriebsfremde Geschäfte, deren Abwicklung in der Regel die längere Festlegung unverhältnismäßig hoher Kapitalien erfordert.

3. Die materielle Sicherung der durch diese Pensionszusagen Bedachten ist im allgemeinen unzureichend.

4. Für die Ausgestaltung der Versorgungsmaßnahmen wird den Einzelunternehmungen die Zusammenarbeit mit dem Versicherungsgewerbe oder eine freiwillige Höherversicherung bei der Sozialversicherung empfohlen.

5. Die Bildung neuer werkseigener Pensionskassen ist unerwünscht; die Überleitung der bestehenden in den einen besseren Ausgleich und eine größere Sicherung verbürgenden Rahmen einer Versicherungsunternehmung ist anzustreben.

6. Die sozialpolitische und volkswirtschaftliche Bedeutung der Frage drängt nach einer Regelung durch ein Privatpensionsgesetz, das Vorschriften über die zulässigen Arten der Versorgung und ihre steuerliche Behandlung, die Aufbringung der Beiträge und die Verwaltung und Sicherstellung der aufgebrachten Beträge enthält.

VI. Nachtrag.

Einen großzügigen Ausbau der staatlichen Rentenversicherung für die Berufszugehörigen des Bergbaues bringt das Gesetz über den Ausbau der Rentenversicherung vom 21. 12. 1937 (RGBl. I S. 1393); für andere Berufszweige bringt es die Verbesserung der Renten für Jugendliche, für Kinderreiche und für Kriegsteilnehmer. Es erleichtert die freiwillige Weiter- und Überversicherung.

Als Heft 3 der Veröffentlichungen ihrer Steuerabteilung brachte die Reichsgruppe Industrie heraus Bernhard Skrodzki: Möglichkeiten der betrieblichen Altersfürsorge, Berlin 1937. Die Schrift bespricht 5 verschiedene Möglichkeiten der Altersfürsorge: 1. Zahlung von Ruhegeldern aus laufenden Mitteln; 2. Pensionsfonds (= Rückstellungen); 3. Pensionskassen; 4. Gefolgschaftsversicherung; 5. freiwillige Höherversicherung in der Sozialrentenversicherung.

Sie gibt einen guten Überblick, vernachlässigt indes über der steuerlichen Seite der Altersversorgungsfrage die finanztechnische Seite der vollen Sicherung für die Erfüllung aller künftigen Verpflichtungen und ist in versicherungsmathematischer Hinsicht unbefriedigend.

Den Ausbau der Pensionsrentenversicherung durch die privaten Versicherungsunternehmungen (Aktiengesellschaften, Vereine auf Gegenseitigkeit und öffentlich-rechtliche Anstalten) empfiehlt Herbert Müller in einem Aufsatz: Zusätzliche Erwerbsunfähigkeits- und Hinterbliebenenversorgung der Gefolgschaft (in Nr. 5, Neumanns Zeitschrift für Versicherungswesen vom 26. 1. 1938, S. 97). Ebenso forderte ihn als vordringliche Aufgabe der privaten Lebensversicherung Generaldirektor Braß, der Leiter der Wirtschaftsgruppe Privatversicherung, in seinem Vortrag „Gemeinschaftsarbeit in der Versicherungswirtschaft" auf der Jahreshauptversammlung der Wirtschaftsgruppe am 25. 2. 1938 in München.

Eine gute Übersicht über die „Zusätzliche Gefolgschaftsversorgung" bietet die im Frühjahr 1938 unter diesem Titel erschienene Schrift der Deutschen Arbeitsfront, Zentralbüro, Sozialamt; über „Zusätzliche Altersversorgung der Gefolgschaft" schrieb Regierungsrat Dr. Julius Denk im Maiheft 1938 der Deutschen Zeitschrift für Wohlfahrtspflege, S. 65 bis 70.

c) Die Behandlung von Pensionsverpflichtungen bei der Körperschaftsteuer und Vermögensteuer nach der Rechtsprechung des RFH.

Von Wirtschaftsprüfer Prof. Dr. Kurt Schmaltz, Halle.

I. Einkommen- und Körperschaftsteuer.

Der RFH. hat in ständiger Rechtsprechung den Grundsatz aufgestellt, daß Pensionsverpflichtungen, die vertraglich zugesichert sind, so daß ein klagbarer Anspruch entsteht, nach versicherungsmathematischen Gesichtspunkten passiviert werden können. Der RFH. gibt dem buchführenden Kaufmann jedoch nur ein „Recht" zur Passivierung, eine Pflicht zur Passivierung von Pensionsverpflichtungen lehnt er ab. Würde nämlich eine Pflicht angenommen werden, so müßten die Steuerbilanzen, bei denen eine Passivierung nicht vorgenommen worden ist, von Amts wegen berichtigt werden, weil die Bilanzen sonst nichtig wären. Der RFH. hat für die Berechnung der Rückstellungen für Pensionsverpflichtungen den Grundsatz aufgestellt, daß diese Rückstellungen als Teil des Gehalts anzusehen sind, und daß mit dem Zeitpunkt der Zusage der Pension auch die Rückstellungen beginnen müssen. Werden diese Rückstellungen unterlassen, so ist in späteren Jahren keine Nachholung der unterlassenen Rückstellungen möglich.

Diese Auffassung des RFH. wird in den nachfolgenden Urteilen im einzelnen zitiert und dargelegt, so daß sich der Leser selbst ein Bild von der Entwicklung der Rechtsprechung machen kann. Es sei allerdings von vornherein darauf hingewiesen, daß sich in der Praxis die Pflicht zur Passivierung von Pensionsverpflichtungen immer stärker durchsetzt und daß der Zeitpunkt, wo diese Auffassung zu den Grundsätzen ordnungsmäßiger Buchführung gehört, nicht mehr fern sein kann. In diesem Fall müßte der RFH. seine Auffassung revidieren. Es scheint, daß in dieser Hinsicht die Frage der Nachholung der Rückstellungen besondere Schwierigkeiten verursacht, weil die Nachholung von Rückstellungen zu einer Verringerung des steuerpflichtigen Gewinns in solchen Jahren führt, die wirtschaftlich die Rückstellungen nicht zu tragen haben. An und für sich kommt dieser Grundsatz auch bei anderen Aufwendungen vor. So gehört es zur ständigen Rechtsprechung des RFH., daß Abschreibungen, die versäumt wurden, nicht nachgeholt werden können; daß aber andererseits eine Bilanz, bei der überhaupt keine Abschreibungen vorgenommen worden sind, u. U. den Grundsätzen ordnungsmäßiger Buchführung widerspricht und insoweit nichtig ist. Gerade aus den Entscheidungen über Abschreibungen lassen sich die Grundsätze entwickeln, die für die Anerkennung der Passivierungspflicht der Pensionsverpflichtungen steuerlich herangezogen werden können. Nach der Rechtsprechung des RFH. ist nämlich eine Bilanz nicht dann schon nichtig, wenn die Abschreibungen zu niedrig sind, sondern Nichtigkeit wird erst dann angenommen, wenn Abschreibungen überhaupt unterlassen werden oder wenn sie sich nicht mehr im Rahmen einer allenfalls möglichen Schätzung halten. Der Schätzungsspielraum wird für die Frage der Nichtigkeit vom RFH. so weit gehalten, daß bei Anwendung der gleichen Grundsätze für die Pensionsrückstellungen eine Pflicht zur Passivierung anerkannt werden könnte, ohne daß sich daraus steuerliche Nachteile für den Staat ergeben würden. Der Standpunkt, daß Pensionsrückstellungen nicht nachgeholt werden können, könnte dann analog der Behandlung der Frage bei den Abschreibungen ohne weiteres aufrechterhalten werden, während sich andererseits die steuerliche Rechtsprechung an die tatsächliche Entwicklung stärker anpassen würde.

In der bisherigen Rechtsprechung sind noch eine Reihe von Fragen ungeklärt, die für die absolute Höhe der Pensionsrückstellungen nicht unwichtig sind. In den Entscheidungen kommt zum Ausdruck, daß der Steuerpflichtige berechtigt ist, soviel zurückzustellen, als er an Prämien an eine Versicherungsgesellschaft zahlen müßte. Andererseits wird aber auch ausgeführt, daß so viel zurückgestellt werden kann, als eine Versicherungsgesellschaft in ähnlichen Fällen als Deckungskapital zurückstellen würde.

Zwischen diesen beiden Methoden der Berechnung bestehen erhebliche Unterschiede. Die Methode, das versicherungstechnisch berechnete Dekkungskapital zurückzustellen, ist zweifellos genauer als die Rückstellung der jährlich zu zahlenden Versicherungsprämien, obwohl in den ersten Jahren die Summe der Versicherungsprämien höher sein dürfte als das versicherungstechnisch berechnete Deckungskapital. Stellt man nur die Versicherungsprämie zurück, so bleibt die Verzinsung des Deckungskapitals, die in der Kalkulation einer Versicherungsgesellschaft mitberücksichtigt ist, außer acht; andererseits sind bei den Versicherungsprämien die Verwaltungskosten der Versicherungsgesellschaften mit enthalten, die bei der Berechnungsmethode nach dem Deckungskapital fehlen. Schließlich besteht ein Unterschied darin, daß bei der Berechnung nach Versicherungsprämien die Rückstellung in dem Augenblick aufhört, in dem die Pension zu laufen beginnt, während bei der Berechnung nach dem Deckungskapital auch dann noch eine gewisse Erhöhung des Deckungskapitals vorgenommen werden muß, wenn der Pensionsberechtigte seine Pension bereits bezieht.

All diese Fragen, die in der Praxis mitunter erhebliche Schwierigkeiten verursachen, sind in den nachfolgenden RFH.-Entscheidungen noch nicht geklärt, und es wäre wünschenswert, wenn in einer kommenden Entscheidung oder in einem besonderen Erlaß bei der Wichtigkeit der Frage eine klare Stellungnahme erfolgen würde.

II. Die Entscheidungen im einzelnen.

1. Grundlegendes Urteil vom 11. 12. 1928, Slg. Bd. 24 S. 310. „Dagegen ist die Beschwerdeführerin berechtigt, ihre alljährlich wachsende Belastung durch die in den Anstellungsverträgen der Vorstandsmitglieder begründeten Pensionsverpflichtungen in ihren Bilanzen zu berücksichtigen.

Die Vorstandsmitglieder erhalten die Gegenleistung für die von ihnen der Gesellschaft geleisteten Dienste danach nur zum Teil in ihrem baren Gehalte, zum Teil erst nach Beendigung des Dienstverhältnisses in Gestalt der ihnen oder ihren Hinterbliebenen auszubezahlenden Pensionen. Es entspricht den Grundsätzen ordnungsmäßiger kaufmännischer Buchführung, wenn die Aktiengesellschaft auch diesen Teil der geschuldeten Gegenleistung für bereits empfangene Dienste dem Jahre belastet, in dem die Dienste geleistet worden sind. Da es ungewiß ist, ob und wann die einzelnen Vorstandsmitglieder oder deren Hinterbliebenen in den Genuß der Pensionen treten werden, so kann der Betrag sowohl der Gesamtlast wie des dem einzelnen Geschäftsjahr zu belastenden Betrags nur im Schätzungswege ermittelt werden, und zwar geben hierfür die Regeln der Versicherungstechnik den brauchbarsten Anhalt. Die Aktiengesellschaft hätte das Risiko, das sie durch Eingehung der Pensionsverpflichtung übernahm, dadurch abwälzen können, daß sie eine Versicherung jedes Vorstandsmitglieds für den Fall des Eintritts des Pensionsfalls abschloß. Die alsdann an die Versicherungsgesellschaft zu zahlenden jährlichen Prämien würden als bar ausgegebene Werbungskosten den Bilanzgewinn der Aktiengesellschaft gemindert haben. Es ist billig, wenn ihr gestattet wird, den gleichen Betrag steuerfrei zurückzustellen, wenn sie das Risiko selber trägt. Denn es entspricht den das Versicherungswesen beherrschenden Grundsätzen der Wahrscheinlichkeitsrechnung, daß die Aktiengesellschaft auf diese Weise den Betrag ansammelt, dessen sie bei Eintritt des jeweiligen Pensionsfalls bedarf, um die Pensionsverpflichtungen erfüllen zu können.

Ein höherer Abzug als derjenige der ersparten Jahresprämie kann der Gesellschaft nicht etwa um deswillen bewilligt werden, weil für sie das Risiko höher ist als für eine Versicherungsgesellschaft, bei der sich die einzelnen Risiken infolge des Gesetzes der großen Zahl ausgleichen. Denn die Gesellschaft hat eben dadurch, daß sie nicht den Weg der Fremdversicherung gewählt hat, dargetan, daß sie das Risiko der Selbstversicherung nicht höher einschätzt, als ihre Belastung durch die Prämien bei der Fremdversicherung gewesen wäre. Diese Erwägungen ergeben gleichzeitig, daß bei der Errechnung der Höhe der steuerfrei zurückzustellenden Prämien auszugehen ist von dem Zeitpunkt, in dem die Pensionsklauseln in die Anstellungsverträge aufgenommen worden sind. Abzugsfähig ist für jeden Angestellten jährlich gleichbleibend der Betrag der Jahresprämie, die zu zahlen gewesen wäre, wenn ein Versicherungsvertrag zur Zeit der Aufnahme der Pensionsbestimmung in den Anstellungsvertrag abgeschlossen worden wäre, nicht etwa der Betrag der höheren Prämie, die sich beim Abschluß des Versicherungsvertrags im Steuerabschnitt ergeben hätte."

In dieser Entscheidung stellt somit der RFH. fest, daß eine Berechtigung zur Passivierung von Pensionsrückstellungen gegeben ist. Gleichzeitig wird die Art der Berechnung festgelegt, und zwar ist eine Versicherungsprämie abzugsfähig, die hätte gezahlt werden müssen, wenn mit dem Augenblick der Zusage der Pension eine Versicherung abgeschlossen worden wäre.

Zur Klarstellung wird in diesem Urteil auch gesagt, daß es sich hier nicht um eine Selbstversicherung wie bei einer Feuerversicherung handelt, die steuerrechtlich nicht abgezogen werden kann.

2. Urteil vom 5. 2. 1929, RStBl. 1929 Seite 332. In dieser Entscheidung wiederholt der RFH. nochmals seine Stellungnahme zu den Rückstellungen für Pensionsverpflichtungen und legt ausdrücklich fest, daß die in früheren Jahren versäumten Rückstellungen nicht nachgeholt werden können.

3. Urteil vom 26. 3. 1929, RStBl. 1929 Seite 338. In der Entscheidung wiederholt der RFH. erneut seine Stellungnahme und bezieht sich auf das erste Urteil aus dem Jahr 1928. Dieses Urteil ist insofern interessant, als hier ein Vorstandsmitglied einer A.-G. eine Pensionszusicherung in sehr hohem Alter erhielt, so daß eine Versicherungsgesellschaft die Pensionsversicherung nur gegen Zahlung einer Einmalig-Prämie von 180 000 RM. übernommen hätte. Das betreffende Vorstandsmitglied ist in demselben Jahr gestorben, so daß die Gesellschaft im Jahr der Pensionszusage nach dem Urteil des RFH. den gesamten Betrag von 180 000 RM. zurückstellen konnte, sofern eine Versicherungsgesellschaft nur unter diesen Bedingungen eine Versicherung abgeschlossen hätte.

Es heißt dann weiter: Wenn also eine Gesellschaft ihre Pensionsverpflichtungen in einem Falle, in dem vielleicht ein Versicherungsunternehmen nur gegen eine Einmalig-Prämie versichern würde, die Last auf mehrere Jahre verteilt in die Bilanzen einstellt, so ist dagegen unter der Voraussetzung nichts zu erinnern, daß die Summe der einzelnen Rückstellungen sich im Rahmen der Einmalig-Prämie hält.

Mit diesem letzten Satz gibt der RFH. zu, daß man auch für den Fall der Einmalig-Prämie den an sich sehr hohen Betrag auf mehrere Jahre verteilen könne, wobei als selbstverständlich vorausgesetzt wird, daß die volle Prämie im Augenblick der Pensionierung des Berechtigten zurückgestellt sein muß.

4. Urteil des RFH. vom 15. 5. 1934, RStBl. 1934 Seite 950. Die Entscheidung wiederholt die früher festgelegten Grundsätze, untersucht aber in einem besonderen Fall, ob die Zusage einer Pension verdeckte Gewinnausschüttung darstelle.

5. Urteil des RFH. vom 3. 7. 1934, RStBl. 1934 Seite 1121. Dieses Urteil des RFH. ist von einer gewissen Bedeutung, weil in ihm ausdrücklich festgelegt wird, daß für die Passivierung von Pensionsverpflichtungen zwar eine Berechtigung, aber keine Verpflichtung besteht. In dem Einführungstext zu der Entscheidung ist dies wie folgt formuliert:

„Buchführende Erwerbsgesellschaften sind zwar berechtigt, jedoch nicht verpflichtet, die künftig erwachsenden Pensionslasten durch Einstellung eines Schuldpostens in ihre Handelsbilanzen zu berücksichtigen. (Vgl. RFH. Bd. 24 S. 310.) Hat eine Gesellschaft in ihren Handelsbilanzen von dieser Berechtigung keinen Gebrauch gemacht, sondern die laufend anfallenden Pensionen unter den Unkosten verrechnet, so ist sie an dieses Verfahren auch für ihre Körperschaftsteuerveranlagung gebunden."

Der RFH. ist zu dieser Entscheidung gekommen, weil eine A.-G. in ihrer Handelsbilanz RM. 50 000,— für Pensionen zurückgestellt hatte, in ihrer Steuerbilanz jedoch einen höheren Betrag, der sich nach versicherungsmathematischen Gesichtspunkten ergeben hätte, zurückstellen wollte.

Die A.-G. stellte sich hierbei auf den Standpunkt, daß eine Verpflichtung zur Bildung von Pensionsrückstellungen bestände, und daß die Steuerbilanz die höheren Rückstellungen unbedingt berücksichtigen müsse, weil sie sonst gegen zwingende Vorschriften des Handelsrechts verstoße. Der RFH. hat diese Mußvorschrift ausdrücklich abgelehnt unter Bezugnahme auf die Literatur. Er sagt folgendes:

„Ein derartiger Verstoß wäre im vorliegenden Fall dann gegeben, wenn es nach deutschem Handelsrecht dem buchführenden Kaufmann zwingend vorgeschrieben wäre, die ihm obliegenden Pensionsverpflichtungen durch Einstellung eines Schuldpostens in die Passiven seiner Bilanz zu berücksichtigen. Darüber, ob eine solche Muß-Vorschrift tatsächlich zu den Grundsätzen ordnungsmäßiger Buchführung gehört, gehen die Meinungen im handelsrechtlichen Schrifttum auseinander. Während z. B. Reisch-Kreibig (Bilanz und Steuer, 2. Bd. S. 131) das Bestehen einer solchen Verpflichtung behauptet, vertritt Rehm (Die Bilanzen der Aktiengesellschaft usw., S. 257 ff.) die Auffassung, daß ein Passivposten für erst künftig zur Entstehung kommende Verpflichtungen in der Bilanz nichts zu tun habe. Auch in der Praxis wird in dieser Frage kein einheitliches Verfahren beobachtet. Wie schon in der Einspruchsentscheidung zutreffend ausgeführt wird, ist es vielmehr gerade bei größeren und gutfundierten Gesellschaften nicht üblich, daß sie Passivierungen der bezeichneten Art in ihren Handelsbilanzen vornehmen, auch wenn die laufenden Pensionen und Pensionsanwartschaften erhebliche Summen ausmachen, weil die Pensionen ebenso wie die Gehälter und Löhne in die Gesamtunkosten eingerechnet werden und die Gesellschaften annehmen, daß im Geschäftsverlauf die Pensionen aus den laufenden Einnahmen bestritten werden können. Es wird daher davon auszugehen sein, daß der buchführende Kaufmann zwar berechtigt, jedoch nicht verpflichtet ist, für die Pensionsanwartschaften seiner Angestellten einen Passivposten in seine Handelsbilanz einzustellen. Auf diesem Standpunkt steht auch die bisherige Rechtsprechung des RFH., in der nur von einer Berechtigung zu solchen Passivierungen die Rede ist, wie sie auch sonst die Berücksichtigung von Schulden, die erst in einem späteren Steuerabschnitt zur Entstehung gelangen, wirtschaftlich aber bereits einen früheren Steuerabschnitt belasten, in der Bilanz für diesen früheren Steuerabschnitt nur als zulässig, nicht aber als geboten ansieht. (Vgl. z. B. Urteil vom 11. 12. 1929 RStBl. 1930 S. 95.)"

6. Urteil des RFH. vom 16. 8. 1935, RStBl. 1935 Seite 1340. In dieser Entscheidung werden die allgemeinen Grundsätze für Beamtenpensionen bei einer Versicherungsgesellschaft wiederholt. Neu ist an dieser Entscheidung nur, daß hier der RFH. sagt, die Gesellschaft sei berechtigt, die Pensionsbelastungen in ihre Bilanzen mit dem nach versicherungsmathematischen Grundsätzen zu ermittelnden Kapitalwert einzusetzen.

Der RFH. bezieht sich zwar bei dieser Formulierung auf seine früheren Entscheidungen. Es wird aber nicht zum Ausdruck gebracht, ob mit dieser Formulierung etwas anderes gemeint ist als in den früheren Entscheidungen. Die früheren Entscheidungen, insbesondere die grundlegende aus dem Jahre 1928, stellen den Grundsatz auf, daß der gleiche Betrag zurückgestellt werden könne, der als Prämie an eine Versicherungsgesellschaft zu zahlen wäre. Auch die Entscheidung, die oben zitiert ist, nach der man sogar eine Einmalig-Prämie voll zurückstellen könne, bestätigt diese Auffassung. Es besteht aber ein wesentlicher Unterschied zwischen der Höhe der Prämienzahlungen und dem für eine Pensionsversicherung nach versicherungsmathematischen Grundsätzen zu ermittelnden Kapitalwert.

7. Urteil des RFH. vom 26. 3. 1936, RStBl. 1936 Seite 750. In diesem Urteil wird lediglich festgestellt, daß die Grundsätze für den Abzug von Pensionsverpflichtungen bei privatgewerblichen Betrieben auch für werbende öffentliche Betriebe Geltung haben.

8. Urteil des RFH. vom 9. 3. 1937, RStBl. 1937 Seite 590. Die Entscheidung vom 9. 3. 1937 bringt eine wünschenswerte Klarlegung von Verhältnissen, die bei der Passivierung von Pensionsverpflichtungen häufig eintreten. Es kommt nicht selten vor, daß eine Gesellschaft beim Eingehen von Pensionsverpflichtungen von vornherein eine höhere Rückstellung in ihrer Handelsbilanz bildet als nach versicherungsmathematischen Grundsätzen an sich notwendig wäre. Dafür werden in den folgenden Jahren weitere Rückstellungen in der Handelsbilanz unterlassen, während in der Steuerbilanz im Sinne der Rechtsprechung des RFH. jeweils der Jahresbetrag der Prämie zurückgestellt wird, der an eine Versicherungsgesellschaft für eine entsprechende Pensionsversicherung zu zahlen wäre. Der RFH. hat die Abzugsfähigkeit solcher Rückstellungen in der vorliegenden Entscheidung ausdrücklich anerkannt, weil es nur darauf ankommt, ob der in der Steuerbilanz zurückgestellte Betrag die in der Handelsbilanz bereits gebildete Rückstellung in ihrer Gesamthöhe erreicht hat. Solange dies nicht der Fall ist, kann in der Steuerbilanz der jährliche Rückstellungsbetrag vom steuerpflichtigen Gewinn abgezogen werden, und zwar auch dann, wenn in der Handelsbilanz keine Rückstellung in dem betreffenden Jahr gebildet wird, weil sie in früheren Jahren vorweg genommen wurde.

Außerdem hat der RFH. in dieser Entscheidung nochmals die Abzugsfähigkeit einer Einmal-Prämie anerkannt.

Das Ergebnis dieser Entscheidung ist wie folgt zusammengefaßt:

1. Die Anerkennung einer an sich zulässigen Rückstellung für Pensionsverpflichtungen in der Steuerbilanz für ein bestimmtes Wirtschaftsjahr setzt nicht voraus, daß eine mindestens gleich hohe Rückstellung in der Handelsbilanz für das gleiche Jahr gemacht worden ist. Erforderlich ist nur, daß der Gesamtbetrag der bisherigen Rückstellungen in der Steuerbilanz den entsprechenden Rückstellungsbetrag in der Handelsbilanz nicht übersteigt.

2. Rückstellungen für Pensionsverpflichtungen sind grundsätzlich nur in Höhe der Jahresprämie steuerlich abzugsfähig, gegen deren Zahlung ein Versicherungsunternehmen im Jahr der Begründung der Pensionsverpflichtung einen Versicherungsvertrag abgeschlossen hätte. Dies gilt auch dann, wenn ein Versicherungsunternehmen den Versicherungsvertrag auch gegen Zahlung einer Einmal-Prämie abgeschlossen hätte und die mit der Pensionsverpflichtung belastete Gesellschaft in ihrer Handelsbilanz eine Rückstellung in Höhe einer solchen Einmal-Prämie gebildet hat.

Der Entscheidung hat folgender Tatbestand zugrunde gelegen:

„Die beschwerdeführende Gesellschaft hat am 30. 6. 1933 mit zwei Vorstandsmitgliedern Pensionsverträge abgeschlossen, in denen monatliche Pensionen von je 400 RM. zugesichert worden sind. Die Verpflichtungen hat sie in ihrer Handelsbilanz für 1933 dadurch berücksichtigt, daß sie aus dem Reservefonds II einen Betrag von 65 000 RM. abgezweigt und in Höhe dieser Summe eine Rückstellung für Pensionsverpflichtungen gebildet hat. In ihrer Handelsbilanz für 1934 hat die Gesellschaft die Rückstellung durch Zuweisung von 2193,75 RM. Zinsen zu Lasten des Gewinns auf 67 193,75 RM. erhöht."

In der Beschwerde hat die Gesellschaft dann die Auffassung vertreten, daß sie im Jahr 1934 eine Rückstellung in Höhe einer Jahresprämie von 16 056,90 RM. bilden könne.

Der RFH. hat die Auffassung der Gesellschaft bestätigt und sich wie folgt geäußert:

Nach der Rechtsprechung des RFH. sind buchführende Gesellschaften zwar berechtigt, aber nicht verpflichtet, künftig erwachsende Pensionslasten durch Einstellung eines Schuldpostens in ihre Handelsbilanzen zu berücksichtigen (vgl. U. v. 4. 12. 1928, Bd. 24 S. 310, RStBl. 1929 S. 227). Nach dem Grundsatz der Abhängigkeit der Handelsbilanz von der Steuerbilanz kommt es daher für die Zulässigkeit des Abzugs eines derartigen Schuldpostens bei der Steuerveranlagung darauf an, wie die Gesellschaft in der Handelsbilanz verfahren ist (vgl. U. v. 3. 7. 1934, Bd. 36 S. 252, RStBl. 1934 S. 1121). Hiervon ist auch das FG. ausgegangen. Es hat jedoch die Auswirkung des bezeichneten Grundsatzes in einem Fall der hier vorliegenden Art verkannt. Wie der RFH. bereits in dem U. v. 10. 10. 1933 (RStBl. 1933 S. 1338) ausgeführt hat, folgt aus dem Grundsatz nicht, daß steuerlich an sich zulässige Rückstellungen in der Steuerbilanz etwa nur insoweit vorgenommen werden dürfen, als solche Rückstellungen auch in der Handelsbilanz für das gleiche Jahr gemacht worden sind. Der Grundsatz bedingt vielmehr lediglich, daß der Gesamtbetrag der bisherigen Rückstellungen in der Steuerbilanz den entsprechenden Rückstellungsbetrag in der Handelsbilanz nicht übersteigt. Nicht unbedingt erforderlich ist auch, daß die in der Handelsbilanz vorgenommene Rückstellung den Gewinn dieser Bilanz berührt hat. Es entspricht zwar dem Wesen einer echten Rückstellung, daß sie gewinnmindernd gebildet wird. Wenn aber die Gesellschaft in ihrer Handelsbilanz abweichend hiervon verfahren ist, so hindert dies nicht, die Buchung für die Steuerveranlagung zu berichtigen, vorausgesetzt nur, daß tatsächlich eine echte Rückstellung vorliegt. Der RFH. hat schon wiederholt entschieden, daß abzugsfähige Ausgaben (Betriebsausgaben), die von einer buchführenden Gesellschaft auf ein Reservekonto, also in einer den Gewinn nicht mindernden Weise, verbucht worden sind, bei der Steuerveranlagung am Bilanzgewinn abgesetzt werden dürfen (vgl. U. v. 5. 1. 1932, RStBl. 1932 S. 580; U. v. 14. 7. 1932, RStBl. 1932 S. 737; U. v. 16. 10. 1934 Bd. 37 S. 73; RStBl. 1935 S. 139).

Für den steuerlichen Abzug von echten Rückstellungen kann nichts anderes gelten. Entscheidend ist daher im Streitfall, ob es sich bei den in den Handelsbilanzen für 1933 und 1934 erscheinenden Rückstellungen für Pensionsverpflichtungen um echte Rückstellungen oder um Rücklagen handelt.

9. Urteil des RFH. vom 27. 4. 1937, RStBl. 1937 Seite 979. Das Urteil betrifft eine Stadtkellerei, die als Betrieb einer Körperschaft des öffentlichen Rechts rechtskräftig zur Körperschaftsteuer herangezogen worden war. Die Stadtkellerei hat in der Steuerbilanz ihren Gewinn durch Vornahme von Rückstellungen für künftige Pensionsverpflichtungen gekürzt. Der RFH. mußte zu einer Ablehnung dieser Forderung schon aus dem Grunde kommen, weil in der Handelsbilanz der betreffenden Stadtkellerei Rückstellungen für Pensionsverpflichtungen nicht vorgenommen waren. Der RFH. schneidet aber in diesem Zusammenhang die Frage an, leider ohne sie zu entscheiden, in welchem Umfang die öffentlichen Körperschaften ihre Betriebe, die selbständig der Körperschaftsteuer unterliegen, mit Pensionsverpflichtungen belasten können, die sie gegenüber den in den Betrieben beschäftigten Beamten und Angestellten haben. Der RFH. kommt zu dem Ergebnis, daß die Beurteilung nur nach den im Einzelfall gegebenen tatsächlichen Verhältnissen und den etwa getroffenen Vereinbarungen erfolgen könne.

Die Frage ist für öffentliche Betriebe, insbesondere z. B. für Eigenbetriebe der Gemeinden, von großer Bedeutung. Wenn die juristisch unselbständigen Eigenbetriebe als steuerlich selbständig zu veranlagende Betriebe der Körperschaftsteuer unterliegen, wird man sie aus dem Grundsatz der gleichmäßigen Aufwandsverrechnung auch mit sämtlichen Aufwendungen, die solche Betriebe betreffen, belasten müssen. Es ist richtig, daß sich im Einzelfall bei dem Wechsel der in den unselbständigen Betrieben tätigen Beamten Schwierigkeiten ergeben werden. Grundsätzlich wird man aber daran festhalten müssen, daß man sämtliche Aufwendungen ebenso wie sämtliche Erträge, soweit sie durch den betreffenden Betrieb bedingt sind, bei der Ermittlung des steuerpflichtigen Gewinns berücksichtigen muß und daß hierzu auch die Rückstellungen für Pensionsverpflichtungen gehören, soweit solche in der Handelsbilanz vorgenommen werden.

10. Bescheid des RFH. vom 31. 8. 1937, bestätigt durch Urteil vom 23. 11. 1937, RStBl. 1938 Seite 85. Diese Entscheidung dürfte von erheblicher Bedeutung sein, da sie die Auffassung des RFH. unter Zusammenfassung der früheren Entscheidungen noch einmal ausführlich und grundsätzlich darstellt. Es heißt in dieser Entscheidung:

Die Beschwerdeführerin greift die Rechtsprechung des RFH. unter Bezugnahme auf das Gutachten des Fachausschusses des Instituts der Wirtschaftsprüfer an. Die Rechtsentwicklung gehe handelsrechtlich dahin, daß diese Pensionsverpflichtungen passiviert werden müßten, so daß die Unterlassung der Passivierung einen Verstoß gegen die Grundsätze ordnungsmäßiger Buchführung bedeute. Die Ausführungen der Beschwerdeführerin vermögen den Senat nicht zu veranlassen, von seiner bisherigen Rechtsauffassung abzugehen. In dem oben bereits erwähnten U. v. 3. 7. 1934 (RStBl. 1934 S. 1121) ist ausgeführt, daß gerade die größeren und gut fundierten Unternehmungen Rückstellungen für Pensionsverpflichtungen in ihren Bilanzen nicht vornehmen. Sie behandeln ihre Pensionslasten vielmehr ebenso wie Löhne und Gehälter als laufende Unkosten und decken sie wie diese aus den laufenden Einnahmen. Die Unternehmer gehen in diesem Fall von dem Gedanken aus, daß eine an sich bestehende, aber noch ungewisse Last wirtschaftlich auch aus den Erträgnissen späterer Jahre getragen werden kann und deshalb ohne Verstoß gegen das Erfordernis der Vollständigkeit des Vermögensausweises vor Fälligkeit der einzelnen Leistungen nicht ausgewiesen zu werden braucht. Besteht somit keine einheitliche Auffassung über die Behandlung solcher Rückstellungen, so kann von dem Bestehen zwingender Grundsätze ordnungsmäßiger Buchführung mit Ausnahme etwa der Fälle, in denen die Pensionslast der Höhe nach bereits unbedingt feststeht, oder der Konkurs- oder Liquidationsfälle, nicht gesprochen werden. Sich über die Übung der Handelskreise, die eine Passivierung nicht für zwingend halten, damit hinwegzusetzen, daß man sie einfach für falsch bezeichnet, ist nicht angängig. Eine höchstrichterliche handelsrechtliche Anerkennung der Passivierungspflicht von Pensionslasten, mit der sich etwa die Steuerrechtsprechung auseinanderzusetzen hätte, ist bisher nicht ausgesprochen.

Von grundsätzlicher Bedeutung ist, daß der RFH. in diesem Urteil zu dem Gutachten des Fachausschusses des Instituts der Wirtschaftsprüfer, das eine Passivierungspflicht annimmt, Stellung nimmt und an seiner Auffassung festhält, daß es auch handelsrechtlich nur ein Passivierungsrecht, aber keine Passivierungspflicht gebe.

In dem Urteil vom 23. 11. 1937 wird ergänzend noch folgendes ausgeführt:

1. Die Feststellung des Vorbescheids, eine höchstrichterliche handelsrechtliche Anerkennung der Passivierungspflicht von Pensionslasten sei bisher nicht ausgesprochen, kann die Pflichtige durch die von ihr genannten Urteile (U. des OLG. Hamburg 4 U 256/35 vom 3. 12. 1935, U. des OLG. Stettin vom 28. 6. 1933 und Entsch. des VII. Zivilsenats des RG. vom 20. 3. 1934 — VII 303/33) nicht widerlegen. Bei den erstgenannten Urteilen handelt es sich nicht um höchstrichterliche, und in dem letztgenannten kann eine grundsätzliche Entscheidung des RG. über die handelsrechtliche Behandlung von Pensionslasten nicht erblickt werden. Daß das RG. zu dieser Frage noch keine grundsätzliche Stellung genommen hat, ergibt sich auch aus den Ausführungen des Senatspräsidenten beim Reichsgericht Kiesow in der Sitzung des

„Großen Fachrats" im Institut der Wirtschaftsprüfer v. 3. 6. 1937 — vgl. die Niederschrift über die Sitzung Seite 9.

2. Das Vorbringen der Pflichtigen und die vorgelegten Unterlagen vermögen auch nicht die Ausführungen des Vorbescheids zu widerlegen, daß in den Handelskreisen keine einheitliche Auffassung über die Behandlung der Pensionsverpflichtungen besteht. Unter diesen Verhältnissen ist es gerechtfertigt, auch die Belange des Steuergläubigers zu berücksichtigen. In dem Vorbescheid ist bereits ausgeführt, dem das Einkommen- und Körperschaftsteuerrecht beherrschenden Gedanken, daß das Einkommen zu erfassen ist, das ein Steuerpflichtiger innerhalb des zu veranlagenden Steuerabschnitts bezogen hat, gebühre der Vorrang vor den Gesichtspunkten, die für die Zulässigkeit der Nachholung früher unterlassener Rückstellungen sprächen. Dieser Grundsatz muß besonders in einer Zeit beachtet werden, in der das Reich außerordentlich großer Mittel bedarf, um seine gewaltigen Aufgaben zu erfüllen. Es darf der steuerpflichtige Gewinn und damit das Steueraufkommen nicht durch Maßnahmen der Pflichtigen, insbesondere durch Rückstellungen, gemindert werden, die die Pflichtigen viele Jahre hindurch vom Standpunkt des ordentlichen Kaufmanns aus nicht für geboten hielten und deren Nachholung jetzt zu einem empfindlichen Steuerausfall führen würde. Ausgaben und Verbindlichkeiten, die wirtschaftlich das zu veranlagende Steuerjahr nicht belasten, können steuerlich nicht für dieses Jahr verrechnet werden.

Zu dieser Auffassung des RG. ist zu sagen, daß sich in der Praxis die Passivierung von Pensionsverpflichtungen bereits weitgehend durchgesetzt hat und daß heute gerade die großen Betriebe in sehr erheblichem Umfang Rückstellungen für Pensionsverpflichtungen bilden. Es mögen in der Praxis noch einige abweichende Meinungen geltend gemacht werden; der Tendenz und dem Umfang nach kann wohl heute nicht mehr bestritten werden, daß die Bildung von Rückstellungen für Pensionsverpflichtungen mehr oder weniger anerkannt ist.

Von Interesse sind noch die Ausführungen über die Nachholung von Rückstellungen, bei denen einige Gesichtspunkte für die Nachholung zum Ausdruck gebracht werden:

Die Vorbehörden handelten auch nicht rechtsirrig, wenn sie die Nachholung der früher unterlassenen Rückstellungen für unzulässig erklärten. Ihre Auffassung steht im Einklang mit dem U. v. 5. 2. 1929 (RStBl. 1929 S. 332). An dem in diesem Urteil aufgestellten Grundsatz, daß in früheren Jahren unterlassene Rückstellungen für Pensionslasten, die bereits damals bestanden haben, in späteren Jahren mit steuerlicher Wirkung nicht nachgeholt werden dürfen, hält der Senat ebenfalls fest. Es ist zwar nicht zu verkennen, daß unter dem Gesichtspunkt des Teilwertgedankens und dem der Bilanzwahrheit eine solche Nachholung möglich erscheinen könnte. Auch sprechen z. B. die angestrebte Angleichung der Steuerbilanz an die Handelsbilanz und der Grundsatz der Gleichmäßigkeit der Besteuerung für die Zulässigkeit der Nachholung früher unterlassener Rückstellungen. Diese Gesichtspunkte müssen aber zurücktreten gegenüber dem das Einkommen- und Körperschaftsteuerrecht beherrschenden Gedanken, daß das Einkommen zu erfassen ist, das ein Steuerpflichtiger innerhalb des zu veranlagenden Steuerabschnitts bezogen hat. Ausgaben und Verbindlichkeiten sind daher grundsätzlich nur für das Jahr zu verrechnen, das sie wirtschaftlich belasten.

Rein betriebswirtschaftlich betrachtet sind diese Ausführungen insofern interessant, als der RFH. weitgehend die dynamische Bilanzauffassung im Gegensatz zu der statischen Beurteilung sonstiger wirtschaftlicher Tatbestände zugrunde legt. Wenn hier die Verknüpfung von Ausgaben und Verbindlichkeiten einerseits und von Erträgen andererseits dem Jahr zugeschrieben werden soll, das sie wirtschaftlich treffen, so ist damit der dynamische Gesichtspunkt voll und ganz anerkannt.

Der RFH. hat sich in dieser Entscheidung auch auf die Sitzung des „Großen Fachrats" des Instituts der Wirtschaftsprüfer vom 3. 6. 1937 bezogen und hierbei die Ausführungen des Senatspräsidenten beim RG., Kiesow, erwähnt, die in der Niederschrift über die Sitzung festgelegt sind. Allerdings werden nicht die gesamten Ausführungen von Herrn Senatspräsidenten beim Reichsgericht, Kiesow, erwähnt, sondern die Bezugnahme auf S. 9 der Niederschrift über die Sitzung betrifft nur einen Teil der Ausführungen.

In der Literatur ist dieses Urteil nicht unwidersprochen geblieben. (Vgl. den Aufsatz von WP. Dr. Wirtz: „Ein wichtiges Urteil des RFH. über Passivierungsrecht und Passivierungspflicht", in „Der Wirtschaftstreuhänder" 1938 S. 173ff. Wirtz nimmt in diesem Aufsatz auch zu den Ausführungen von Herrn Geheimrat Mirre in „Steuer und Wirtschaft" 1938, Spalte 115ff., in denen das oben genannte Urteil erläutert wird, wie folgt Stellung:

In der erwähnten Sitzung des Großen Fachrats ist eine Entscheidung des RG. aus dem Jahre 1928 sehr eingehend in den vorgelegten Referaten behandelt worden, die die Passivierungspflicht für wahrscheinlich zum Zuge kommende Schulden mit ihrem Schätzungswert unbedingt bejaht. Außerdem sind gerade auch von Senatspräsident Kiesow in der Sitzung des Großen Fachrats durchaus beachtliche Gründe für die Passivierungspflicht erörtert worden, nämlich daß entgegen den Bestimmungen des § 213 HGB. bei Nicht-Passivierung anwachsender Pensionsverpflichtungen praktisch durch zu hoch errechnete Gewinne Kapital an die Aktionäre ausgeschüttet werde und daß auch, ähnlich wie bei den Abschreibungen, der Gesichtspunkt der allgemeinen Vorsicht in Bilanzierungsfragen für die Passivierungspflicht spreche (vgl. S. 9/10 der Niederschrift). Auch die inzwischen erfolgte Stellungnahme des RAA. zu den Ergebnissen der Sitzung des Großen Fachrats in der Frage der Pensionsverpflichtungen ist durchaus für die Passivierungspflicht (vgl. „Der Wirtschaftstreuhänder" 1938 S. 74).

Gegen die vom RFH. bzw. den Erläuterungen von Mirre zur Ablehnung der Passivierungspflicht und zur Begründung der Annahme eines bloßen Passivierungsrechts vorgebrachten Begründungen sind noch weitere Einwendungen zu erheben:

1. Die bei Rentenversicherung besonders großen Schwierigkeiten versicherungswirtschaftlicher und versicherungstechnischer Art sind kein hinreichender Grund, der die Passivierung der entsprechenden Verpflichtungen unmöglich erscheinen ließe. Die gesamte Versicherungswirtschaft muß mit diesen Schwierigkeiten rechnen und wird mit ihnen fertig. Insoweit unterscheiden sich private Unternehmungen mit rechtsverbindlichen Pensionszusagen aber grundsätzlich nicht von Versicherungsunternehmungen.

2. Der Grundsatz der Passivierungspflicht gilt unabhängig davon, ob es sich um eine Kapitalversicherung oder um eine Rentenversicherung handelt. Die Leistungsform, die Berechnungsfaktoren und die Berechnungsmethode sind zwar nicht die gleichen, aber das Endziel der Rückstellungsberechnungen ist in beiden Fällen das gleiche, nämlich der wahrscheinlichen Zahlungsverpflichtung des Pensionsgebers gegenüber dem Pensionsberechtigten Rechnung zu tragen.

3. Es würde den Ruin der gesamten Versicherungswirtschaft bedeuten, wenn man mit Rücksicht auf die Schwierigkeiten der Rückstellungsberechnung und den großen zeitlichen Unterschied zwischen Prämienleistung des Versicherungsnehmers und Auszahlung der Versicherungsleistung durch die Versicherungsgesellschaften auf die Passivierung von Rückstellungen verzichten und allgemein auf das Umlageverfahren übergehen wollte. Dabei ist zu berücksichtigen, daß bei den Versicherungsgesellschaften das Gesetz der großen Zahl und damit eines gewissen Ausgleichs viel stärker wirksam ist als bei Privatunternehmungen mit sehr wenigen Pensionsberechtigten. Auch der Dauerbestand einer Versicherungsgesellschaft ist mindestens in dem gleichen Maße gewährleistet wie der jeder andern kaufmännischen Unternehmung, ganz abgesehen von der staatlichen Aufsicht im Versicherungswesen. Man kann also aus einem solchen „Dauerwert" niemals Argumente gegen die sofortige Passivierung herleiten. Wenn man bei Versicherungsgesellschaften die Passivierungspflicht aus sozialen, wirtschaftlichen und finanziellen Gründen unbedingt aufrechterhalten muß, dann ist kein Grund einzusehen, rechtsverbindliche Pensionszusagen von Privatunternehmungen grundsätzlich anders zu behandeln als Rentenversicherungsverträge. Der Unterschied besteht doch nur darin, daß bei der Versicherung die Prämie in bar gezahlt wird, bei der Pensionszusage die Gegenleistung dagegen in einer bestimmt befristeten Dienstzeit liegt. In beiden Fällen leistet der Versicherungsnehmer bzw. Pensionsanwärter wesentlich früher und auf eine lange Reihe von Jahren hinaus, während deren der Versicherungsträger bzw. Pensionsgeber die entsprechenden Rücklagen für seine wesentlich spätere Gegenleistung ansammelt. Im übrigen wird die Versicherungsprämie nicht nur von den Verwaltungskostenanteilen und Sterblichkeitsgewinnen beeinflußt, die Mirre (Spalte 119) als Unsicherheitsfaktoren anführt, sondern vor allem auch neben den eigentlichen Grundfaktoren der Risiken-Wahrscheinlichkeit (Sterblichkeit, Invalidität, Eintrittsalter usw.) von den Zinsen und Zinseszinsen. Diese wären also bei Eigendeckung des Risikos neben der Versicherungsprämie steuerlich anzuerkennen.

4. Es ist zwar richtig, daß das RG. zur Frage der Passivierung von Pensionsverpflichtungen bei Privatunternehmungen noch nicht ausdrücklich Stellung genommen hat; die bereits erwähnte RG.-Entscheidung (RGZ. Bd. 80 S. 330 ff.), die sich mit der Rückstellungsfrage ganz allgemein befaßt, stellt jedoch eindeutig fest, daß „Schulden, deren Entstehung nach allgemein geschäftlichen Erfahrungen, sei es auch nur in gewisser Durchschnittshöhe, sicher oder höchst wahrscheinlich sind, mit dem Schätzungswert angesetzt werden müssen". „Übergangen werden dürfen solche Schulden nicht, die Übergehung wäre nach kaufmännischen Grundsätzen eine schlechthin nicht zu rechtfertigende Bilanzierungsmaßnahme". Wenn die zeitliche Differenz zwischen Aufwandsverrechnung und Zahlungsverrechnung länger als 1 Jahr dauert, so dürfte die wahlweise Bilanzierungsmethode sowohl nach dem Aufwandsprinzip wie nach dem Zahlungsprinzip nicht mehr vertretbar sein, da sonst sowohl der ohnehin bilanzmäßig nur begrenzt mögliche Vermögensausweis als auch der Erfolgsnachweis wesentlich gefährdet bzw. verfälscht wird. Daß im übrigen selbst bei solchen Posten, bei denen die Verschiebung nur bis zum nächsten Jahresabschnitt wirksam wird, der Grundsatz der Aufwandsberechnung sich immer mehr durchsetzt, wurde bereits unter I. gezeigt.

5. Der Hinweis des RFH. auf sein Urteil aus dem Jahre 1934 kann heute nicht ohne weiteres mehr als berechtigt angesehen werden. Aus der angezogenen Entscheidung ergibt sich, daß es sich damals um Bilanzen aus den Jahren 1928 und 1929 handelte. Damals war aber die Erkenntnis von der Notwendigkeit der Passivierung von rechtsverbindlichen Pensionsverpflichtungen noch keineswegs soweit vorgeschritten, wie sie es heute auf Grund der umfangreichen bilanzrechtlichen Erörterungen, sowie auf Grund der wirtschaftlichen und sozialpolitischen Bedeutung der Pensionsfrage ganz allgemein ist.

6. Ein bloßes Passivierungsrecht statt einer Passivierungspflicht wird der wirtschaftlichen und sozialen Tragweite der Pensionsfrage und ihrer bilanzmäßigen Behandlung nicht gerecht. Wenn Pensionszusagen einen wirtschaftlichen und sozialen Sinn haben sollen, dann dürfen nicht die Zahlungsmöglichkeiten auf eine ungewisse Zukunft verschoben werden, sondern es muß auch bilanzmäßig beizeiten Vorsorge getroffen werden. Ob die Form der rechtlich und finanziell ungesicherten Bilanzrückstellungen hierfür ausreichend ist oder ob selbständige, der Aufsicht des RAA. für Privatversicherung unterstehende Pensionskassen bzw. Versicherungsgesellschaften vorzuziehen sind, ist nur im Einzelfalle unter Berücksichtigung der besonderen Verhältnisse zu entscheiden.

7. Die Verneinung der handelsrechtlichen Passivierungspflicht ist im übrigen zur Begründung des Standpunktes, daß Nachholungen früher unterlassener Rückstellungen in späteren Jahren nicht zulässig seien, gar nicht notwendig. Das gleiche gilt doch auch für Anlageabschreibungen, bei denen man handelsrechtlich doch wohl kaum ein bloßes Abschreibungsrecht an Stelle der handelsrechtlich einwandfrei vorgeschriebenen Abschreibungspflicht unterstellen dürfte. Mit Recht weist im übrigen das Urteil in diesem Zusammenhang darauf hin, daß das Einkommen- und Körperschaftsteuerrecht von dem Gedanken beherrscht werde, das wirtschaftlich auf den zu veranlagenden Steuerabschnitt entfallende Einkommen zu erfassen. Gerade aber, wenn man, wie es die Steuerbehörden teilweise sogar überspitzt tun, den Grundsatz einer richtigen Jahreserfolgsrechnung und einer mit ihr zwangsläufig verbundenen Jahresbilanz mit dem Zwecke der Gewinnermittlung ebenso wie der Kapitalerhaltung fordert und anerkennt, dann darf man nicht die im Falle der Pensionsverpflichtungen genau so wie bei der Anlagenbewertung und -abschreibung unbestreitbar vorhandenen Schwierigkeiten der Berechnung bzw. Bewertung zum Anlaß nehmen, um sich hier auf die Grenzen bilanzmäßiger Vermögensdarstellung und damit auf ein bloßes Passivierungsrecht zurückzuziehen.

Daß im übrigen die unterschiedliche Auffassung des RFH. einerseits und des RAA. für Privatversicherung und des Fachausschusses beim Institut der Wirtschaftsprüfer andererseits unerfreulich ist und daß hier nach Möglichkeit eine einheitliche Linie gefunden werden sollte, die sowohl den steuerlichen Belangen als auch den wirtschaftlichen, rechtlichen, organisatorischen und sozialpolitischen Erfordernissen der Bilanzierung von Pensionsverpflichtungen Rechnung trägt, ist gerade erst kürzlich wieder in Presseveröffentlichungen anläßlich dieses Urteils zum Ausdruck gekommen. (Vgl. „Leipziger Tageszeitung" vom 2. 3. 1938.)

Wenn der RFH. ausführt, daß der steuerpflichtige Gewinn und das Steueraufkommen nicht durch Maßnahmen gemindert werden dürfen, die der Pflichtige viele Jahre hindurch nicht für geboten gehalten habe „und deren Nachholung jetzt zu einem empfindlichen Steuerausfall führen würde", so kann man dieser Begründung ihre staatswirtschaftliche Berechtigung keineswegs absprechen. Es scheint aber weder erforderlich noch auch wünschenswert, daß sich der RFH. dem doch wohl kaum zu leugnenden Fortschritt in der Entwicklung der Grundsätze ordnungsmäßiger Buchführung für die Passivierung ungewisser, aber mit Rücksicht auf die Wahrscheinlichkeit ihres Eintretens durch Rückstellungen passivierungspflichtiger Verbindlichkeiten (vgl. auch die in § 131 AktG. B IV erstmals enthaltene Vorschrift des Ausweises von „Rückstellungen für ungewisse Schulden") mit offenbar stark fiskalisch motivierten Erwägungen entgegenstellt.

Eine Vereinheitlichung der Meinungen sollte um so leichter möglich sein, als der RFH. durchaus in der betriebswirtschaftlichen Beurteilung der Ruhegehälter mit den Auffassungen des Fachausschusses übereinstimmt. Dies beweist wiederum ein soeben veröffentlichtes Urteil vom 31. 12. 1937, RStBl. 1938 S. 334, in dem entgegen der Auffassung eines Finanzamts vom RFH. ausdrücklich anerkannt wird, daß auch das Ruhegehalt für persönlich haftende Gesellschafter einer KommG. a. A. zur Vergütung für die Geschäftsführung gehört und daß daher auch bereits während der Anwartschaftszeit entsprechende Rückstellungen für die persönlich haftenden Gesellschafter körperschaftsteuerfrei sind.

11. Urteil des RFH. vom 30. 11. 1937, RStBl. 1938 Seite 436. In dem Urteil hat der RFH. die Auffassung nochmals bestätigt, daß eine Nachholung von unterlassenen Rückstellungen für Pensionsverpflichtungen nicht gestattet ist.

Ein Unternehmen hatte eine Rückstellung für vertragliche Pensionsverpflichtungen in Höhe von 200 000 RM. in dem Jahr gebildet, in dem ein Vorstandsmitglied pensioniert wurde. Diese Art von Bilanzierung stellt eine Nachholung von Rückstellungen dar, da die rechtliche Zusage für das Ruhegehalt bereits im Jahr 1926 erfolgt war.

12. Urteil vom 11. 1. 1938, RStBl. 1938 Seite 240. Die Entscheidung behandelt die Frage, ob ein rechtsgültig abgeschlossener Pensionsanspruch vor Eintritt des Pensionsfalls zu Lasten der steuerfrei gebildeten Rückstellungen von Pensionsverpflichtungen abgegolten werden kann. In dem der Entscheidung zugrunde liegenden Einzelfall wird diese Möglichkeit aus tatsächlichen Gründen abgelehnt. Es ist aber in der Entscheidung ausdrücklich festgestellt, daß ein Pensionsanspruch abgefunden und dann die Abfindungssumme auf die in der Bilanz für den Pensionsanspruch gebildete Rückstellung verrechnet werden kann, ohne daß hieraus eine Steuerpflicht entsteht.

Die Entscheidung kann unter Umständen von erheblicher praktischer Bedeutung sein.

13. Urteil des RFH. vom 31. 12. 1937, RStBl. 1938 Seite 334. Das Urteil behandelt die Möglichkeit der Bildung von Pensionsrückstellungen für vertragliche Pensionsverpflichtungen gegenüber den persönlich haftenden Gesellschaftern einer Kommanditgesellschaft a. A.

Das Urteil erkennt an, daß zur Vergütung der Geschäftsführung sowohl das Gehalt als auch die Pension gehört, da Pensionen als zurückbehaltene Gehaltsanteile anzusehen sind. Infolgedessen sind die Zuführungen zu Rückstellungen für Pensionsverpflichtungen, wenn sie im Rahmen der steuerrechtlichen Zulässigkeit erfolgen, auch für den persönlich haftenden Gesellschafter einer Kommanditgesellschaft a. A. abzugsfähige Betriebsausgaben.

III. Die Frage der Lohnsteuerpflicht der Versicherungsprämien und der Renten.

Die Frage der Lohnsteuerpflicht der Versicherungsprämien und der Renten hat mit der Frage der steuerlichen Behandlung der Pensionsrückstellungen nur mittelbar etwas zu tun. Es sei hier aber wenigstens auf diese zusätzliche steuerliche Belastung hingewiesen.

Die Bereitstellung der Mittel, die zur Erfüllung der übernommenen Pensionsverpflichtungen notwendig sind, wird nach der ständigen Rechtsprechung des RFH. im allgemeinen nur dann der Lohnsteuer unterworfen, wenn die Berechtigung aus dem Versicherungsvertrag dem Pensionsberechtigten unmittelbar zusteht. Eine bloße Zusage des Arbeitgebers, dem Arbeitnehmer ein Ruhegehalt oder eine einmalige Entschädigung zu zahlen, bringt jedoch noch keine Lohnsteuerpflicht mit sich. Die Lohnsteuerpflicht richtet sich nach § 19 Abs. 1 EinkStGes. 1934, wonach dem Steuerabzug vom Arbeitslohn sämtliche Einkünfte aus nichtselbständiger Arbeit unterliegen, sei es in der Form von Gehältern, von Löhnen,

Form der Altersversorgung	Die Zahlungen des Arbeitgebers zwecks Bereitstellung der zur Bewirkung der Auszahlungen erforderlichen Mittel sind	Die Auszahlungen und zwar	
		a) Rentenzahlungen sind	b) Kapitalzahlungen sind
1. Gewährung eines laufenden Ruhegehalts oder einer einmaligen Kapitalauszahlung durch den Arbeitgeber selbst	stfr.	lstpfl.	lstpfl.
2. Dasselbe unter Abschluß eines Rückversicherungsvertrages durch den Arbeitgeber	stfr.	lstpfl.	lstpfl.
3. Einzahlungen des Arbeitgebers auf ein Bank-Sperrkonto oder an einen Treuhänder zugunsten des Arbeitnehmers, Zahlung der Prämien für eine Einzellebensversicherung des Arbeitnehmers durch den Arbeitgeber	lstpfl.	estpfl.	stfr.
4. Beiträge des Arbeitgebers zu Sammelversicherungen oder Pensionskassen			
a) wenn sich die Zuweisungen, die auf die einzelnen Arbeitnehmer entfallen, feststellen lassen	lstpfl.	estpfl.	stfr.
b) wenn sie sich nicht feststellen lassen	stfr.	lstpfl.	lstpfl.
5. Beiträge des Arbeitgebers zu den gesetzlichen Sozialversicherungen			
a) gesetzlich vorgeschriebene Beiträge	stfr.	estpfl.	—
b) freiwillige Beiträge	lstpfl.	estpfl.	—

Abkürzungen: stfr. = einkommen- und lohnsteuerfrei, lstpfl. = lohnsteuerpflichtig, estpfl. = einkommensteuerpflichtig.

Gratifikationen oder „anderen Bezügen und Vorteilen", die sich aus einer Beschäftigung ergeben. Hieraus ergibt sich, daß die Bildung von Pensionsrückstellungen, sofern der Arbeitnehmer auf das zurückgestellte Kapital keinen Anspruch hat, nicht der Lohnsteuer unterworfen wird. Es gibt hier allerdings eine große Anzahl von Grenzfällen, über die eine sehr umfangreiche Rechtsprechung des RFH. vorliegt, auf die im Rahmen dieses Aufsatzes im einzelnen nicht eingegangen werden kann. Bezüglich der Einzelheiten sei auf die ausführliche Besprechung und Zusammenstellung der Entscheidungen bei Merker, Die Zukunftsversicherung der Gefolgschaft und ihre steuerliche Behandlung, Berlin 1938, verwiesen.

Die Auszahlung von Renten oder Pensionen ist stets einkommensteuerpflichtig, und zwar entweder als Arbeitslohn oder als wiederkehrende Bezüge (§ 22 Ziffer 1 b EinkStGes. 1934). Wenn es sich um Pensionen handelt, die der Betrieb selbst auszahlt, so wird Lohnsteuer einbehalten, gelten die Pensionen aber als wiederkehrende Bezüge, so werden sie im Wege der Veranlagung erfaßt. Es kann somit der Fall eintreten, daß sowohl die Bezahlung der Prämien als auch die späteren Pensionen der Steuerpflicht unterworfen werden, so daß eine doppelte Besteuerung vorliegt. Eine Milderung tritt nur insofern ein, als der Pensionsberechtigte die Möglichkeit hat, erhöhte Sonderausgaben auf Grund § 41 Abs. 1 Ziff. 1 EinkSt Ges. 1934 in Verbindung mit § 10 Abs. 1 Ziff. 4 EinkStGes. 1934 zu beantragen.

Auch für die Besteuerung der Auszahlung von Pensionen liegen eine Reihe von Entscheidungen vor, die bei Merker zusammengestellt sind. Eine ebenfalls der Schrift von Merker (S. 54) entnommene Zusammenstellung kann, ohne die Grenzfälle im einzelnen zu berücksichtigen, einen gewissen Überblick über die steuerliche Belastung der Prämienzahlungen und der Pensionszahlungen geben (s. vorstehende Tabelle):

IV. Die Stellungnahme des RFH. zur Abzugsfähigkeit von Pensionsrückstellungen bei der Vermögensteuer.

Für die Vermögensteuer hat der RFH. einen von der Rechtslage für die Körperschaftsteuer völlig abweichenden Standpunkt vertreten. Hier erkennt der RFH., den Vorschriften des Reichsbewertungsgesetzes entsprechend, Rückstellungen für Pensionslasten nicht an, sondern gestattet lediglich die Kapitalisierung von Pensionsbeträgen, die bereits fällig sind, nach den allgemeinen Grundsätzen des Reichsbewertungsgesetzes. Rückstellungen für die noch im Dienst befindlichen Angestellten und Beamten werden in der Vermögensteueraufstellung in keiner Weise zugelassen. Die Grundsätze für diese Auffassung hat der RFH. in einer grundlegenden Entscheidung vom 22. 6. 1933, RStBl. 1933 S. 875 entwickelt. In einer späteren Entscheidung vom 26. 11. 1936, RStBl. 1936 S. 1212 hat der RFH. die in dem Urteil vom 22. 6. 1933 ausgesprochenen Grundsätze noch einmal wiederholt. Es heißt dort wie folgt:

„Außerdem hat der RFH. in der mehrerwähnten Entscheidung den Gesichtspunkt der Anwartschaft aufgegeben und im Gegensatz zu seiner bisherigen Ansicht ausgesprochen, daß aufschiebend bedingte Forderungen und Schulden auch beim Betriebsvermögen nicht zu berücksichtigen sind. Daß die Pensionsansprüche der einzelnen noch im Dienst befindlichen Beamten aufschiebend bedingt sind, kann nicht bezweifelt werden. Die Beschwerdeführerin erkennt ja auch selbst an, daß es ungewiß ist, ob der einzelne Beamte in den Genuß seines Ruhegehalts kommen wird. Bedingt ist also die Entstehung des Anspruchs und nicht etwa nur der Zeitpunkt der Fälligkeit. Allerdings mag es sein, daß regelmäßig ein bestimmter Teil der Beamtenschaft in den Genuß der Pension gelangt, und daß daher die Anstellungskörperschaft mit Pensionsverpflichtungen von bestimmter Höhe immer rechnen muß. Gegenstand der Bewertung ist aber nicht die gesamte Pensionslast, sondern die Verpflichtung gegenüber jedem *einzelnen* Pensionsberechtigten, wie der Senat ebenfalls in der mehrerwähnten Entscheidung ausgesprochen hat (vgl. auch U. v. 16. 7. 1936, RStBl. 1936 S. 848 und die Besprechung von *Seweloh* in StuW. 1936 Sp. 1131). Warum eine solche Einzelbewertung nicht möglich sein soll, ist nicht zu erkennen. Sind die einzelnen Pensionsverpflichtungen als aufschiebend bedingte Schulden nicht abzugsfähig, so ist es unerheblich, mit welcher Wahrscheinlichkeit der Eintritt des Pensionsfalls zu erwarten ist und inwieweit den Pensionsverpflichtungen gleichwertige Ansprüche auf Dienstleistungen gegenüberstehen. Ebensowenig macht es einen Unterschied, ob die Pensionsansprüche auf einer allgemeinen staatlichen Fürsorgepflicht oder auf besonderer vertraglicher Vereinbarung beruhen. Endlich ist es belanglos, ob Rücklagen für künftige Pensionsverpflichtungen nach den Grundsätzen einer ordnungsmäßigen kaufmännischen Buchführung gerechtfertigt sind. Rücklagen für künftige Aufwendungen sind bei der Einheitsbewertung keineswegs allgemein abzugsfähig, sondern nur, soweit sie — bereits entstandene — Schulden sind oder das Reichsbewertungsgesetz den Abzug, wie bei Versicherungsunternehmungen, ausdrücklich zuläßt. Daß die Vorschriften über den Abzug versicherungstechnischer Rücklagen auf Pensionsverpflichtungen nicht anwendbar sind, hat der RFH. in der mehrerwähnten Entscheidung gleichfalls ausgesprochen."

V. Die Besteuerung von Pensionskassen und der Zuführungen zu solchen Kassen.

Die Bedeutung der Pensionskassen und der Zuführungen zu solchen Kassen kann im Rahmen dieser Zusammenstellung nicht dargelegt werden. Es sei mit der Überschrift lediglich darauf hingewiesen, daß hier noch ein besonderes steuerrechtliches Problem vorliegt, das in der 1. DVO. zum KörpStGes. grundsätzlich geregelt ist. Für die vor dem 1. 1. 1936 gegründeten Kassen gibt es bis zum 31. 12. 1938 eine Übergangsregelung, wonach noch die Bestimmungen des KörpStGes. 1925 gelten.

Anhang.

1. Anhaltspunkte für eine vereinfachte Berechnung der Rückstellungsbeträge und der laufenden Zuweisungen für Pensionsverpflichtungen bei privaten Unternehmungen.

Von Wirtschaftsprüfer Carl Closterhalfen, Berlin.

Die Berechnung von Pensionsrückstellungen bietet versicherungstechnisch nicht geringe Schwierigkeiten. Während in der Sachversicherung die Wahrscheinlichkeit eines Brandes oder eines Hagelschadens und in der Kapitalversicherung die Wahrscheinlichkeit des Sterbens wesentlich naturbestimmt sind, werden die bei der Berechnung von Beiträgen und Rückstellungen für eine Pensionsversicherung weiter auftretenden Wahrscheinlichkeiten (die Wahrscheinlichkeit des Eintritts der Berufsunfähigkeit, die des Heiratens und die der Wiederverheiratung einer Witwe) vom menschlichen Willen mehr oder minder beeinflußt. Die Unsicherheiten der Rechnungsgrundlagen für Pensionsversicherungen (Zinsfuß, Sterbetafel, Invaliditätswahrscheinlichkeiten, Annahme über Alters- und Gehaltsgruppierung) sind in der Literatur wiederholt hervorgehoben[1].

Aus dem statistischen Sonderheft der Reichsversicherungsanstalt für Angestellte Nr. 3 (Februar 1936) geht hervor, daß die Invaliditätswahrscheinlichkeiten begrifflich sehr verschieden gewertet werden, so daß auch die aus großen Beständen ermittelten Zahlen Wahrscheinlichkeiten ergeben, die für andere, zunächst ähnlich erscheinende Verhältnisse nur mit großer Annäherung zutreffen können.

Hat ein Betrieb für seine Gefolgschaft Ruhegehälter für den Fall der Erwerbsunfähigkeit und für den Fall der Vollendung eines bestimmten Lebensalters (wobei man praktisch meist das 65. Lebensjahr nimmt) sowie Witwen- und Waisengelder zugesagt, so muß eine solche Einrichtung nach versicherungstechnischen Grundsätzen auf Grund wohl erwogener Annahmen über den speziellen Verlauf der Rentengewährung aufgebaut werden. Die Unterlagen dafür wird nur ein erfahrener Fachmann schaffen können. In bestimmten Fällen wird man auch auf vorliegende Tabellenwerke für

---

[1] Vgl. Schweer: Pensionsversicherung und Pensionsversorgung, Veröffentlichungen des Deutschen Vereins für Versicherungswissenschaft, H. 60, Berlin 1937, S. 152—172.

Pensionsversicherungen zurückgreifen können[1]; diese bauen indes manchmal auf überholten Absterbeordnungen und unter anderen wirtschaftlichen Verhältnissen ermittelten Invalidisierungswahrscheinlichkeiten auf.

In der Praxis des Wirtschaftsprüfers kommen vielfach kleine Bestände von Ruhegeldempfängern und Versorgungsanwärtern vor, bei welchen das Gesetz der großen Zahlen nicht gilt. Handelt es sich um Versorgungsansprüche von Vorstandsmitgliedern oder leitenden Angestellten, so ist die Wahrscheinlichkeit vorzeitigen Ausscheidens des Versorgungsanwärters besonders schwierig zu bewerten. Anstellungsverträge für Vorstandsmitglieder werden nach dem neuen Aktiengesetz auf höchstens 5 Jahre geschlossen; unter Umständen werden bei Nicht-Erneuerung des Vertrages oder bei vorzeitiger Kündigung durch das Vorstandsmitglied die im Anstellungsvertrag niedergelegten Zusagen eines Ruhegeldes ganz oder teilweise hinfällig werden; vielleicht kann man sich in solchen Fällen bei der Passivierung der Pensionsverpflichtungen mit der Einführung eines Ausscheidungsfaktors helfen, mit welchem die auf Grund allgemeiner Grundlagen errechneten Rückstellungswerte zu multiplizieren sind und der mit der Dienstzeit und mit dem Alter des Vorstandsmitgliedes fällt.

Sicher ist, daß bei kleinen und mittleren Beständen von ruhegeldberechtigten Personen sich in der Praxis starke Abweichungen von theoretisch errechneten Mittelwerten zeigen werden. Diese Abweichungen sind so bedeutend und so unregelmäßig, daß es aus wirtschaftlichen Gründen — Kosten für Zeitaufwand der einschlägigen Berechnungen — vielfach nicht verantwortet werden kann, die Berechnungen bis in die letzten versicherungsmathematischen Feinheiten hinein durchzuführen. Der Wirtschaftsprüfer wird in allen Fällen, in denen kein mathematisches Gutachten vorliegt, die vom geprüften Betriebe vorgenommene Rückstellung für Pensionsverpflichtungen zu prüfen haben. Für solche Fälle, in denen von der Mitberücksichtigung vorzeitiger Invalidität abgesehen werden kann, haben sich in der Prüfungspraxis Verfahren für eine näherungsweise Abschätzung der Rückstellungen herausgebildet. Der Besprechung von drei solchen Verfahren seien Ausführungen über die ihnen (und den anschließenden Ausführungen über eine Mitbewertung von Invalidisierungswahrscheinlichkeiten) zugrunde gelegten Rechnungsgrundlagen (Sterbetafel und Diskont) vorangeschickt. Welches Verfahren der

[1] Eine gute Grundlage bringen die statistischen Sonderhefte der Reichsversicherungsanstalt für Angestellte, Nr. 1—6, Berlin 1935—1938. Im Verlage von Neumanns Zeitschrift für Versicherungswesen sind 1937 erschienen: Meißner-Meeves: Rechnungsgrundlagen für Pensionsversicherung, welche die Erfahrungen der Reichsversicherungsanstalt für Angestellte benutzen. Ein praktisch angelegtes Tabellenwerk ist F. Duprez: Versicherungstechnische Rechnungsgrundlagen für Pensionskassen, Verlag K. Suter & Cie., Bern; dieses Werk gründet sich auf die Rechnungsgrundlagen der Versicherungskasse der Eidgenössischen Beamten, Angestellten und Arbeiter, aufgestellt von Dr. H. Grieshuber.

Wirtschaftsprüfer im Einzelfall benutzt, muß seinem Ermessen überlassen bleiben. Er kann dabei Ungenauigkeiten in den Kauf nehmen, wenn sie von der gleichen Größenordnung sind wie das Schwankungsmaß, also das Maß für die sich im Mittel ergebende Abweichung vom theoretisch genau errechneten Mittelwert.

I. Rechnungsgrundlagen.

Benutzt werden

1. ein Zinssatz von 4%. Krause: Grundsätze ordnungsmäßiger Bilanzierung für Pensionsverpflichtungen, Veröffentlichung der Schmalenbach-Vereinigung, Band 3, Leipzig 1935, bringt mit 4½% und 4% berechnete Grundzahlen; ich hatte mich vor 2 Jahren für einen Zinssatz von 4½% entschieden (Zur Berechnung von Pensionsverpflichtungen, WT. 1936, S. 148ff.). 4½% wird für voraussichtlich ein Jahrzehnt der herrschende Zinssatz deutscher Schuldverschreibungen sein. Der für eine weitere Zukunft zu erwartende Zinsfuß ist in seiner Entwicklung schwer zu übersehen: irgendeine Voraussage auf längere Zeit ist nicht möglich. 4% ist der höchste Zinssatz, den das Reichsaufsichtsamt für Privatversicherung für die Geschäftspläne von Versicherungsunternehmungen zuläßt. Wenn einzelne Lebensversicherungsanstalten mit niedrigeren Zinssätzen rechnen, so mag sich das aus Gründen der Vorsicht rechtfertigen lassen. Für die Berechnung von Pensionsverpflichtungen privater Industrieunternehmungen erscheint der Zinssatz von 4% angemessen. Bei allen weiter gebrachten Beispielen ist zu beachten, daß die Rückstellung, bezogen auf den Jahresanfang, mit 4% zu verzinsen ist. Die Rückstellung, bezogen auf das Jahresende, berechnet sich aus ihr durch Hinzufügen der Zinsen und der Neuzuweisung und durch Fortnahme der geleisteten Ruhegeldzahlungen.

2. die neuesten deutschen Sterbetafeln. Das statistische Reichsamt stellte dem Bestande der Bevölkerung bei der Volkszählung vom 16. Juni 1933 die Sterbefälle der drei Jahre 1932—1934 gegenüber und veröffentlichte die so gewonnenen Sterbetafeln in der Zeitschrift „Wirtschaft und Statistik“, 16. Jahrgang, 2. Septemberheft Nr. 18, S. 723f. und in Verbesserung der Sterbetafel für das weibliche Geschlecht im 1. Novemberheft Nr. 21, S. 834. Aus diesen Rechnungsunterlagen berechnete ich die in den Tabellen 1 und 2 beigefügten Verzeichnisse (der diskontierten Lebenden, deren Summen und Doppelsummen und der Werte einer sofort beginnenden lebenslänglichen vorschüssigen Leibrente mit einer Auszahlung von 1 RM/Jahr) für Männer und Frauen.

Folgende Abkürzungen wurden gebraucht:

x = Lebensjahre der Männer,
y = Lebensjahre der Frauen,
l_x = Zahl der überlebenden Männer,
l_y = Zahl der überlebenden Frauen,

$D_x = l_x \cdot v^x$ = auf den Zeitpunkt der Geburt diskontierte Zahl der Männer,
$D_y = l_y \cdot v^y$ = auf den Zeitpunkt der Geburt diskontierte Zahl der Frauen,
N_x = Summenfunktion der D_x, vom Alter 100 an abwärts gerechnet,
N_y = Summenfunktion der D_y, vom Alter 100 an abwärts gerechnet,
S_x = Summenfunktion der N_x = Doppelsummenfunktion der D_x, vom Alter 100 an abwärts gerechnet,
S_y = Summenfunktion der N_y = Doppelsummenfunktion der D_y, vom Alter 100 an abwärts gerechnet,
$a_x = N_x : D_x$ = Wert der vorschüssig zahlbaren Leibrente 1 eines Mannes,
$a_y = N_y : D_y$ = Wert der vorschüssig zahlbaren Leibrente 1 einer Frau.

Tab. 1. Verzeichnis der diskontierten Lebenden, deren Summen und Doppelsummen und der Werte einer sofort beginnenden lebenslänglichen vorschüssigen Leibrente 1 für Männer. (Grundlagen: Allgemeine Deutsche Sterbetafel für die Jahre 1932/34. Zinssatz 4%.)

(Männertafel, Seite 1.)

x	l_x	D_x	N_x	S_x	a_x
0	100 000	100 000,00	2 117 406,6	43 436 829,2	21,174
1	91 465	87 947,1	2 017 406,6	41 379 422,6	22,938
2	90 618	83 783,4	1 929 459,48	39 302 016,0	23,029
3	90 211	80 197,25	1 845 676,08	37 372 556,5	23,014
4	89 901	76 847,75	1 765 478,83	35 526 880,4	22,974
5	89 654	73 689,05	1 688 631,08	33 761 401,6	22,916
6	89 446	70 690,47	1 614 942,03	32 072 770,5	22,845
7	89 255	67 826,46	1 544 251,56	30 457 828,5	22,768
8	89 081	65 090,61	1 476 425,10	28 913 576,9	22,683
9	88 927	62 478,93	1 411 334,49	27 437 151,8	22,589
10	88 793	59 985,37	1 348 855,56	26 025 817,3	22,486
11	88 675	57 601,59	1 288 870,19	24 676 961,7	22,376
12	88 567	55 318,69	1 231 268,60	23 388 091,5	22,257
13	88 464	53 129,19	1 175 949,91	22 156 822,9	22,134
14	88 360	51 025,70	1 122 820,72	20 980 873,0	22,005
15	88 244	48 998,76	1 071 795,02	19 858 052,3	21,874
16	88 105	47 039,98	1 022 796,26	18 786 257,3	21,743
17	87 939	45 145,53	975 756,28	17 763 461,0	21,614
18	87 746	43 313,89	930 610,75	16 787 704,7	21,485
19	87 531	41 545,93	887 296,86	15 857 093,9	21,357
20	87 298	39 841,67	845 750,93	14 969 797,0	21,228
21	87 051	38 200,90	805 909,26	14 124 046,1	21,097
22	86 795	36 623,62	767 708,36	13 318 136,8	20,962
23	86 539	35 111,15	731 084,74	12 550 428,4	20,822
24	86 285	33 661,63	695 973,59	11 819 343,7	20,676
25	86 032	32 272,05	662 311,96	11 123 370,1	20,523
26	85 777	30 938,84	630 039,91	10 461 058,1	20,364
27	85 516	29 658,37	599 101,07	9 831 018,2	20,200
28	85 251	28 429,29	569 442,70	9 231 917,1	20,030
29	84 984	27 250,24	541 013,41	8 662 474,4	19,854
30	84 715	26 119,22	513 763,17	8 121 461,0	19,670

(Männertafel, Seite 2.)

x	l_x	D_x	N_x	S_x	a_x
31	84 440	25 033,10	487 643,95	7 607 697,8	19,480
32	84 157	23 989,62	462 610,85	7 120 053,9	19,284
33	83 863	22 986,36	438 621,23	6 657 443,0	19,082
34	83 555	22 021,09	415 634,87	6 218 821,8	18,874
35	83 234	21 092,78	393 613,78	5 803 186,9	18,661
36	82 905	20 201,36	372 521,00	5 409 573,1	18,440
37	82 571	19 346,13	352 319,64	5 037 052,1	18,211
38	82 224	18 523,87	332 973,51	4 684 732,5	17,975
39	81 860	17 732,56	314 449,64	4 351 759,0	17,733
40	81 481	16 971,60	296 717,08	4 037 309,4	17,483
41	81 088	16 240,14	279 745,48	3 740 592,3	17,226
42	80 676	15 536,18	263 505,34	3 460 846,8	16,961
43	80 240	14 857,90	247 969,16	3 197 341,5	16,689
44	79 776	14 203,83	233 111,26	2 949 372,3	16,412
45	79 285	13 573,47	218 907,43	2 716 261,0	16,128
46	78 763	12 965,48	205 333,96	2 497 353,6	15,837
47	78 207	12 378,80	192 368,48	2 292 019,6	15,540
48	77 617	11 812,90	179 989,68	2 099 651,1	15,237
49	76 990	11 266,80	168 176,78	1 919 661,4	14,927
50	76 322	10 739,47	156 909,98	1 751 484,6	14,611
51	75 605	10 229,40	146 170,51	1 594 574,6	14,289
52	74 834	9 735,66	135 941,11	1 448 404,1	13,963
53	74 004	9 257,38	126 205,45	1 312 463,0	13,633
54	73 109	8 793,68	116 948,07	1 186 257,5	13,299
55	72 147	8 344,20	108 154,39	1 069 309,4	12,961
56	71 124	7 909,50	99 810,19	961 155,0	12,619
57	70 043	7 489,70	91 900,69	861 344,8	12,270
58	68 889	7 082,98	84 410,99	769 444,1	11,917
59	67 640	6 687,08	77 328,01	685 033,1	11,564
60	66 293	6 301,84	70 640,93	607 705,09	11,210
61	64 853	5 927,84	64 339,09	537 064,16	10,854
62	63 321	5 565,20	58 411,25	472 725,07	10,496
63	61 695	5 213,74	52 846,05	414 313,82	10,136
64	59 962	4 872,39	47 632,31	361 467,77	9,776
65	58 106	4 539,98	42 759,92	313 835,46	9,419
66	56 128	4 216,76	38 219,94	271 075,54	9,064
67	54 033	3 903,24	34 003,18	232 855,60	8,712
68	51 822	3 599,54	30 099,94	198 852,42	8,362
69	49 495	3 305,68	26 500,40	168 752,48	8,017
70	47 059	3 022,10	23 194,72	142 252,08	7,675
71	44 517	2 748,899	20 172,615	119 057,356	7,338
72	41 872	2 486,127	17 423,716	98 884,741	7,008
73	39 138	2 234,420	14 937,589	81 461,025	6,685
74	36 341	1 994,940	12 703,169	66 523,436	6,368
75	33 479	1 767,144	10 708,229	53 820,267	6,060

(Männertafel, Seite 3.)

x	l_x	D_x	N_x	S_x	a_x
76	30 553	1 550,673	8 941,085	43 112,038	5,766
77	27 609	1 347,360	7 390,412	34 170,953	5,485
78	24 703	1 159,176	6 043,052	26 780,541	5,213
79	21 863	986,452	4 883,876	20 737,489	4,951
80	19 122	829,595	3 897,424	15 853,613	4,698
81	16 509	688,684	3 067,829	11 956,189	4,455
82	14 038	563,082	2 379,145	8 888,360	4,225
83	11 725	452,216	1 816,063	6 509,215	4,016
84	9 607	356,277	1 363,847	4 693,152	3,828
85	7 732	275,713	1 007,570	3 329,305	3,654
86	6 126	210,0438	731,8569	2 321,735	3,484
87	4 765	157,0950	521,8131	1 589,8781	3,322
88	3 623	114,8509	364,7181	1 068,0650	3,176
89	2 698	82,2384	249,8672	703,3469	3,038
90	1 966	57,6213	167,6288	453,4797	2,909
91	1 400	39,45428	110,00746	285,8509	2,788
92	974	26,39318	70,55318	175,84344	2,673
93	662	17,24874	44,16000	105,29026	2,560
94	488	10,97338	26,91126	61,13026	2,452
95	283	6,817408	15,937881	34,219004	2,338
96	178	4,123059	9,120473	18,281123	2,212
97	109	2,427686	4,9974143	9,160650	2,059
98	65	1,392022	2,5697283	4,1632354	1,846
99	37	0,7619055	1,1777063	1,5935071	1,546
100	21	0,4158008	0,4158008	0,4158008	1,000

Tab. 2. Verzeichnis der diskontierten Lebenden, deren Summen und Doppelsummen und der Werte einer sofort beginnenden lebenslänglichen vorschüssigen Leibrente 1 für Frauen. (Grundlagen: Allgemeine Deutsche Sterbetafel für die Jahre 1932/34. Zinssatz 4%.)

(Frauentafel, Seite 1.)

y	l_y	D_y	N_y	S_y	a_y
0	100 000	100 000,00	2 176 289,97	45 239 830,7	21,763
1	93 161	89 577,88	2 076 289,97	43 063 540,8	23,179
2	92 394	85 423,45	1 986 712,09	40 987 250,8	23,257
3	92 026	81 810,78	1 901 288,64	39 000 538,7	23,240
4	91 761	78 437,69	1 819 477,86	37 099 250,1	23,196
5	91 535	75 235,10	1 741 040,17	35 279 772,2	23,141
6	91 338	72 185,75	1 665 805,07	33 538 732,0	23,077
7	91 160	69 274,11	1 593 619,32	31 872 927,0	23,005
8	91 003	66 495,00	1 524 345,21	30 279 307,7	22,924
9	90 870	63 844,06	1 457 850,21	28 754 962,4	22,835
10	90 753	61 309,48	1 394 006,15	27 297 112,2	22,737

(Frauentafel, Seite 2.)

y	l_y	D_y	N_y	S_y	a_y
11	90 650	58 884,51	1 332 696,67	25 903 106,1	22,632
12	90 557	56 561,64	1 273 812,16	24 570 409,4	22,521
13	90 467	54 332,13	1 217 250,52	23 296 597,3	22,404
14	90 373	52 188,16	1 162 918,39	22 079 346,7	22,283
15	90 270	50 123,73	1 110 730,23	20 916 428,3	22,160
16	90 152	48 132,89	1 060 606,50	19 805 698,1	22,035
17	90 016	46 211,81	1 012 473,61	18 745 091,6	21,909
18	89 858	44 356,44	966 261,80	17 732 618,0	21,784
19	89 680	42 565,93	921 905,36	16 766 356,2	21,658
20	89 490	40 842,07	879 339,43	15 844 450,8	21,530
21	89 287	39 182,14	838 497,36	14 965 111,4	21,400
22	89 072	37 584,41	799 315,22	14 126 614,1	21,267
23	88 849	36 048,38	761 730,81	13 327 298,8	21,131
24	88 622	34 573,34	725 682,43	12 565 568,0	20,990
25	88 390	33 156,57	691 109,09	11 839 885,6	20,844
26	88 151	31 795,12	657 952,52	11 148 776,5	20,694
27	87 904	30 486,56	626 157,40	10 490 824,0	20,539
28	87 653	29 230,30	595 670,84	9 864 666,6	20,379
29	87 397	28 023,97	566 440,54	9 268 995,8	20,213
30	87 139	26 866,58	538 416,57	8 702 555,3	20,040
31	86 876	25 755,28	511 549,99	8 164 138,7	19,862
32	86 607	24 688,01	485 794,71	7 652 588,7	19,677
33	86 329	23 662,28	461 106,70	7 166 794,0	19,487
34	86 044	22 677,07	437 444,42	6 705 687,3	19,290
35	85 754	21 731,39	414 767,35	6 268 242,9	19,086
36	85 455	20 822,71	393 035,96	5 853 475,5	18,875
37	85 145	19 949,21	372 213,25	5 460 439,6	18,658
38	84 819	19 108,48	352 264,04	5 088 226,3	18,435
39	84 481	18 300,33	333 155,56	4 735 962,3	18,205
40	84 135	17 524,40	314 855,23	4 402 806,7	17,967
41	83 779	16 779,08	297 330,83	4 087 951,5	17,720
42	83 410	16 062,67	280 551,75	3 790 620,6	17,466
43	83 027	15 373,96	264 489,08	3 510 068,9	17,204
44	82 630	14 711,97	249 115,12	3 245 579,8	16,933
45	82 211	14 074,39	234 403 15	2 996 464,7	16,655
46	81 763	13 459,32	220 328,76	2 762 061,5	16,370
47	81 282	12 865,52	206 869,44	2 541 732,8	16,079
48	80 767	12 292,31	194 003,92	2 334 863,3	15,783
49	80 213	11 738,46	181 711,61	2 140 859,4	15,480
50	79 620	11 203,54	169 973,15	1 959 147,8	15,171
51	78 990	10 687,39	158 769,61	1 789 174,7	14,856
52	78 322	10 189,44	148 082,22	1 630 405,1	14,533
53	77 613	9 708,84	137 892,78	1 482 322,8	14,203
54	76 855	9 244,25	128 183,94	1 344 430,1	13,866
55	76 038	8 794,21	118 939,69	1 216 246,1	13,525

(Frauentafel, Seite 3.)

y	l_y	D_y	N_y	S_y	a_y
56	75 162	8 358,56	110 145,48	1 097 306,42	13,178
57	74 225	7 936,88	101 786,92	987 160,94	12,825
58	73 221	7 528,39	93 850,04	885 374,02	12,466
59	72 142	7 132,16	86 321,65	791 523,98	12,103
60	70 984	6 747,77	79 189,49	705 202,33	11,736
61	69 745	6 374,99	72 441,72	626 012,84	11,363
62	68 409	6 012,38	66 066,73	553 571,12	10,988
63	66 960	5 658,68	60 054,35	487 504,39	10,613
64	65 396	5 313,95	54 395,67	427 450,04	10,236
65	63 712	4 977,99	49 081,72	373 054,37	9,860
66	61 895	4 650,02	44 103,73	323 972,65	9,485
67	59 933	4 329,45	39 453,71	279 868,92	9,113
68	57 822	4 016,30	35 124,26	240 415,21	8,745
69	55 568	3 711,29	31 107,96	205 290,95	8,382
70	53 184	3 415,44	27 396,67	174 182,99	8,021
71	50 652	3 127,73	23 981,234	146 786,317	7,667
72	47 951	2 847,06	20 853,504	122 805,083	7,325
73	45 118	2 575,82	18 006,444	101 951,579	6,991
74	42 182	2 315,58	15 430,624	83 945,135	6,664
75	39 132	2 065,53	13 115,044	68 514,511	6,349
76	35 989	1 826,57	11 049,517	55 399,467	6,049
77	32 820	1 601,66	9 222,944	44 349,953	5,758
78	29 670	1 392,25	7 621,284	35 127,009	5,474
79	26 559	1 198,33	6 229,034	27 505,725	5,198
80	23 500	1 019,53	5 030,704	21 276,691	4,934
81	20 527	856,298	4 011,174	16 245,987	4,684
82	17 691	709,608	3 154,876	12 234,813	4,446
83	15 026	579,530	2 445,268	9 079,937	4,219
84	12 561	465,826	1 865,738	6 634,669	4,005
85	10 323	368,105	1 399,912	4 768,931	3,803
86	8 324	285,4072	1 031,8070	3 369,0192	3,615
87	6 567	216,5043	746,3998	2 337,2122	3,448
88	5 075	160,8800	529,8955	1 590,8124	3,294
89	3 857	117,5662	369,0155	1 060,9169	3,139
90	2 868	84,0579	251,4493	691,9014	2,991
91	2 083	58,70234	167,39137	440,45214	2,852
92	1 476	39,99623	108,68903	273,06077	2,717
93	1 019	26,55055	68,69280	164,37174	2,587
94	683	17,11145	42,14225	95,67894	2,463
95	445	10,71995	25,03080	53,53669	2,335
96	281	6,508873	14,310845	28,505886	2,199
97	172	3,830844	7,801972	14,195041	2,037
98	101	2,162988	3,971128	6,3930687	1,836
99	58	1,1943383	1,8081395	2,4219407	1,514
100	31	0,6138012	0,6138012	6,6138012	1,000

Zur genauen Berechnung der Pensionsverpflichtungen, bei denen Witwen- und Waisenversorgung einbegriffen ist, sind Tafeln für verbundene Leben erforderlich. Ich entwickelte insgesamt 30 Übersichten für Altersunterschiede zwischen Mann (Alter = x) und Frau (Alter = y) von $x—y$ = 20 abwärts bis $y—x$ = 9; einen kurzen Auszug der Verbindungsrenten für die von 4 zu 4 Jahren abgestuften Altersunterschiede bringt Tab. 3.

Tab. 3. Lebenslängliche Verbindungsrenten.
(Grundlagen: Allgemeine Deutsche Sterbetafel 1932/34. Zinssatz 4%.)

Alter des Mannes in Jahren	Die Frau ist 8 Jahre älter als der Mann	4 Jahre älter als der Mann	so alt wie der Mann	4 Jahre jünger als der Mann	8 Jahre jünger als der Mann	12 Jahre jünger als der Mann
40	14,165	14,905	15,490	15,927	16,250	16,481
42	13,535	14,300	14,916	15,379	15,719	15,962
44	12,884	13,674	14,314	14,806	15,161	15,417
46	12,210	13,030	13,688	14,204	14,579	14,847
48	11,521	12,366	13,043	13,576	13,973	14,251
50	10,815	11,681	12,381	12,925	13,340	13,632
52	10,101	10,985	11,703	12,260	12,685	12,993
54	9,382	10,280	11,013	11,585	12,015	12,335
56	8,668	9,570	10,315	10,899	11,336	11,662
58	7,958	8,853	9,606	10,197	10,643	10,969
60	7,272	8,146	8,899	9,497	9,948	10,275
62	6,609	7,453	8,195	8,797	9,250	9,580
64	5,975	6,781	7,501	8,098	8,553	8,884
66	5,383	6,138	6,829	7,413	7,867	8,196
68	4,839	5,530	6,186	6,748	7,196	7,523
70	4,336	4,963	5,572	6,108	6,542	6,866
72	3,871	4,445	4,997	5,501	5,915	6,232
74	3,453	3,968	4,464	4,928	5,319	5,624
76	3,081	3,533	3,984	4,401	4,767	5,056
78	2,759	3,152	3,556	3,928	4,264	4,536
80	2,494	2,813	3,165	3,502	3,802	4,056
82	2,249	2,513	2,818	3,119	3,385	3,618
84	2,045	2,281	2,529	2,794	3,038	3,248
86	1,873	2,078	2,286	2,520	2,742	2,930
88	1,715	1,901	2,087	2,278	2,476	2,651
90	1,534	1,751	1,914	2,074	2,251	2,412
92	1,000	1,620	1,767	1,912	2,058	2,203
94	—	1,472	1,641	1,768	1,890	2,020
96	—	1,000	1,531	1,638	1,743	1,845
98	—	—	1,406	1,480	1,551	1,614
100	—	—	1,000	1,000	1,000	1,000

Ebensowenig wie es möglich ist, Schwankungen des Zinssatzes auf längere Zeiträume im voraus zu bestimmen, hat es einen Sinn, künftige Verbesserungen der Lebenswahrscheinlichkeiten zu berücksichtigen. Gewiß sind in den beiden letzten Menschenaltern erhebliche Erhöhungen der mittleren Lebenserwartungen (wenn auch mit Unterschieden in den verschiedenen Lebensjahren) eingetreten, aber das Maß der Verminderung der Sterbenswahrscheinlichkeiten oder das der Erhöhung der Lebenserwartungen und der verschiedenen Leibrentenwerte ist doch erheblich langsamer geworden. Über die künftige Entwicklung läßt sich mit Sicherheit nichts voraussagen. Schwankungen, die sich aus künftigen Änderungen des Zinssatzes oder der Sterblichkeit ergeben, werden voraussichtlich der Größenordnung nach hinter den Schwankungen zurückbleiben, die sich bei kleinen und mittleren Versicherten-Beständen gegenüber den errechneten Mittelwerten dauernd ergeben (1935 lagen die Sterbehäufigkeiten z. B. über den Sterbewahrscheinlichkeiten gemäß der Tafel für die Jahre 1932—1934)[1].

II. Näherungsverfahren.

Die Praxis hilft sich seit langen Jahren durch Näherungsverfahren, von denen die am häufigsten vorkommenden kurz besprochen und an Beispielen, die bei den beiden ersten Verfahren übereinstimmen, erläutert seien.

a) Benutzung der mittleren Lebenserwartung. Das von WP. Dr. Gillessen, seinerzeit Prokurist der Deutschen Revisions- und Treuhand-AG, Berlin, 1931 entwickelte Verfahren benutzte als Rechnungsgrundlage die mittleren Lebenserwartungen der Allgemeinen Deutschen Sterbetafel 1924—1926 und einen Zinssatz von zunächst 8%, später 4—6%. In der Tab. 4 bringe ich nach diesem Verfahren ermittelte Abzinsungsfaktoren, Rentenbarwerte und Rentenendwertfaktoren für den zeitgemäßen Zinsfuß von 4% und in Tab. 5 die mittleren Lebenserwartungen nach der Sterbetafel 1932—1934[2].

Tab. 4. Faktoren-Übersicht für den Zinsfuß von 4%[3].

a = Rentenbarwertfaktoren; Mittel zwischen post- und praenumerando.
b = Abzinsungsfaktoren.
c = Rentenendwertfaktoren; Mittel zwischen post- und praenumerando.

Jahre	*a*	*b*	*c*	Jahre	*a*	*b*	*c*
1	0,9808	0,9615	1,02	6	5,3470	0,7903	6,7656
2	1,9238	0,9246	2,0808	7	6,1221	0,7599	8,0563
3	2,8206	0,8890	3,1840	8	6,8674	0,7307	9,3985
4	3,7025	0,8548	4,3314	9	7,5840	0,7026	10,7945
5	4,5409	0,8219	5,5246	10	8,2731	0,6756	12,2462

[1] Vgl. Prof. Riebesell: Eine zukünftige Deutsche Sterbetafel. Neumanns Zeitschrift für Versicherungswesen Nr. 4 vom 19. 1. 1938, S. 78ff.

[2] Das WT.-Jahrbuch 1938 enthält auf S. 461 ff. die Sterbetafel 1932—1934.

[3] Im WT.-Jahrbuch 1938, S. 455 ff. sind Zinszahlen für 3—8% bei nachschüssiger Verzinsung aufgeführt.

Jahre	a	b	c	Jahre	a	b	c
11	8,9357	0,6496	13,7561	31	17,9402	0,2965	60,5149
12	9,5728	0,6246	15,3263	32	18,2310	0,2851	63,9555
13	10,1854	0,6006	16,9594	33	18,5131	0,2741	67,5387
14	10,7744	0,5775	18,6577	34	18,7794	0,2636	71,2551
15	11,3408	0,5553	20,4241	35	19,0379	0,2534	75,2753
16	11,8853	0,5339	22,2610	36	19,2865	0,2437	79,1503
17	12,4090	0,5134	24,1715	37	19,5254	0,2343	83,3363
18	12,9125	0,4936	26,1583	38	19,7552	0,2253	87,6897
19	13,3966	0,4746	28,2247	39	19,9762	0,2166	92,2173
20	13,8621	0,4564	30,3736	40	20,1886	0,2083	96,9260
21	14,3147	0,4388	32,6086	41	20 3929	0,2003	101,8231
22	14,7401	0,4220	34,9329	42	20,5893	0,1926	106,9160
23	15,1540	0,4057	37,3552	43	20,7782	0,1852	112,2126
24	15,5519	0,3901	39,8643	44	20,9598	0,1780	117,7261
25	15,9345	0,3751	42,4788	45	21,1344	0,1712	123,4500
26	16,3024	0,3607	45,1980	46	21,3023	0,1646	129,3580
27	16,6562	0,3468	48,0259	47	21,4638	0,1583	135,6043
28	16,9963	0,3335	50,9669	48	21,6190	0,1522	142,0485
29	17,3234	0,3207	54,0256	49	21,7683	0,1463	148,7504
30	17,6379	0,3083	57,2066	50	21,9118	0,1407	155,7204

Hiernach ergibt sich für das einfachste Beispiel einer bereits laufenden Pensionszahlung folgende Berechnung: Die Rückstellung für einen 66jährigen Ruhegehaltsempfänger mit einer Pension von 12000 RM/Jahr und einer Ehefrau von 58 Jahren, der nach seinem Tode ein Witwengeld von 6000 RM/Jahr zusteht, errechnet sich nach diesem sehr stark vereinfachten Verfahren wie folgt:

Restlebensdauer des Mannes (Tab. 5)	11,27	Jahre	RM
Entsprechender Rentenbarwertfaktor (Tab. 4a)	9,1077	„	
Rückstellung für das Ruhegeld des Mannes = 12000 · 9,1077.			= rd. 109300
Restlebensdauer der Frau (Tab. 5)	17,55	Jahre	
Sie überlebt den Mann voraussichtlich um	6,28	„	
Entsprechender Rentenbarwertfaktor (Tab. 4a)	5,5640	„	
Wert des Witwengeldes im wahrscheinlichen Zeitpunkt des Todes des Mannes = 6000 · 5,5640	33 384 RM		
Zwischen diesem Zeitpunkt und heute liegen	11,27	Jahre	
Abzinsungsfaktor (Tab. 4b)	0,6428	„	
Rückstellung für das Witwengeld			21 460
Gesamtrückstellung			rd. 130 760

Tab. 5. Mittlere Lebenserwartungen nach der Allgemeinen Deutschen Sterbetafel 1932/34.

Alter Jahre	Mittlere Lebenserwartung		Alter Jahre	Mittlere Lebenserwartung		Alter Jahre	Mittlere Lebenserwartung	
	Männer Jahre	Frauen Jahre		Männer Jahre	Frauen Jahre		Männer Jahre	Frauen Jahre
25	43,83	45,43	50	22,54	23,85	75	6,68	7,09
26	42,96	44,55	51	21,75	23,03	76	6,27	6,66
27	42,09	43,68	52	20,97	22,23	77	5,88	6,26
28	44,22	42,80	53	20,20	21,42	78	5,52	5,87
29	40,35	41,93	54	19,44	20,63	79	5,17	5,50
30	39,47	41,05	55	18,69	19,85	80	4,84	5,15
31	38,60	40,17	56	17,96	19,07	81	4,53	4,82
32	37,73	39,29	57	17,23	18,31	82	4,24	4,51
33	36,86	38,42	58	16,51	17,55	83	3,97	4,22
34	35,99	37,54	59	15,80	16,81	84	3,74	3,95
35	35,13	36,67	60	15,11	16,07	85	3,52	3,70
36	34,27	35,80	61	14,44	15,35	86	3,31	3,47
37	33,40	34,92	62	13,77	14,64	87	3,12	3,27
38	32,54	34,06	63	13,12	13,95	88	2,94	3,08
39	31,68	33,19	64	12,49	13,27	89	2,78	2,90
40	30,83	32,33	65	11,87	12,60	90	2,63	2,72
41	29,98	31,46	66	11,27	11,96	91	2,49	2,56
42	29,13	30,60	67	10,69	11,33	92	2,37	2,41
43	28,28	29,74	68	10,12	10,73	93	2,25	2,27
44	27,44	28,88	69	9,58	10,15	94	2,14	2,14
45	26,61	28,02	70	9,05	9,58	95	2,04	2,02
46	25,78	27,17	71	8,53	9,03	96	1,94	1,90
47	24,96	26,33	72	8,04	8,51	97	1,85	1,79
48	24,15	25,50	73	7,57	8,01	98	1,77	1,70
49	23,34	24,67	74	7,11	7,54	99	1,73	1,59
						100	1,67	1,55

Als zweites Beispiel nehme ich einen 60jährigen Ruhegehaltsanwärter, der vor 20 Jahren mit Ruhegeldanwartschaft eintrat und vom 65. Lebensjahre an pensionsberechtigt ist (Jahresbetrag des Ruhegehalts 20000 RM). Seine jetzt 55 Jahre alte Ehefrau erhält nach dem Tode des bereits pensionierten Mannes 10000 RM/Jahr. Wie hoch ist die erforderliche Rückstellung?

Restlebensdauer des Mannes (Tab. 5)	15,11	Jahre	RM
Davon entfallen auf die Zeit nach der Pensionierung .	10,11	„	
Entsprechender Rentenbarwertfaktor (Tab. 4a) . . .	8,3460		
Wert des Ruhegeldes des Mannes zur Zeit der Ruhestellung			rd. 166 920
Die Ehefrau hat (Tab. 5) eine mittlere Lebenserwartung von 19,85 Jahren, überlebt also den Mann voraussichtlich um 4,74 Jahre.			
Entsprechender Rentenbarwertfaktor (Tab. 4 a) . . .	4,3229 RM		

Wert des Witwengeldes im wahrscheinlichen Zeitpunkt des Todes des Mannes	43 229 RM	RM
Zwischen diesem Zeitpunkt und der Pensionierung liegen	10,11 Jahre	
Entsprechender Abzinsungsfaktor (Tab. 4 b)	0,6727	
Wert des Witwengeldes zur Zeit der Ruhestellung des Mannes		rd. 29 100
Wert der Ruheversorgung für Mann und Frau . . .		rd. 196 020

Die Tätigkeit des Mannes (Pensions-Anwartschaftszeit) ist 25 Jahre; der aus Tabelle 4c ablesbare Rentenendwertfaktor ist 42,4788, d. h. es müssen neben einer Zinszuweisung von 4%/Jahr 196 020 : 42,4788 = rd. 4615 RM Jahr für Jahr während der 25jährigen Tätigkeit der Pensionsrückstellung zugewiesen werden. Zur Berechnung der in den ersten 20 Jahren der Dienstzeit anzusammelnden Rückstellung ist der Jahresbetrag von 4615 RM mit dem in der Tab. 4c genannten Rentenendwertfaktor für 20 Jahre = 30,3736 zu vervielfachen. Daraus ergibt sich eine Rückstellung von 140 200 RM am Ende des 20. Anwartschaftsjahres.

Tabellen für Leibrenten sind in der Regel auf eine einmalige Zahlung im Jahre abgestellt. Die Barwerte einer vorschüssigen Jahresrente (Auszahlungstag: 1. Januar) und der entsprechenden nachschüssigen Rente (Auszahlungstag: 31. Dezember) unterscheiden sich um den Wert der Jahreszahlung, also bei Renten mit dem Jahresauszahlungsbetrage 1 um 1. Praktisch werden Renten fast ausschließlich in monatlichen Teilbeträgen bezahlt; je nachdem, ob sie pränumerando oder postnumerando bezahlt werden, kann man sich die 12 Teilzahlungen jedes Jahres auf einen mittleren Termin vereinigt denken, auf den 15. Juni bei vorschüssigen und auf den 15. Juli bei nachschüssigen Renten. Das Näherungsverfahren der Deutschen Revisions- und Treuhand-AG. rechnet damit, daß der Wert von in 12 Teilbeträgen ausbezahlten Leibrenten etwa in der Mitte zwischen dem Wert der Pränumerando-Leibrente (wie sie die Tab. 1 und 2 bringen) und dem um 1 kleineren Wert der entsprechenden Postnumerando-Leibrente liegen. Dieses Näherungsverfahren ersetzt die Leibrentenwerte durch die mittlere Lebenserwartung. Kürzt man die aus den Tab. 1 und 2 entnommenen Leibrentenwerte, um einen Vergleich zu ermöglichen, um 0,5, so ergeben sich bei Benutzung der Sterbetafeln 1932—1934 folgende Abweichungen für Versorgungsempfänger (s. Tab. 6 auf S. 78).

Diese Abweichungen, die sich für die maßgebenden Lebensjahrzehnte zwischen 4% und 6½% bewegen, sind erträglich. Aus diesem Grunde wurde dieses besonders einfache Verfahren im WT.-Jahrbuch 1936, S. 378ff. empfohlen (vgl. meinen Aufsatz: Zur Berechnung von Pensionsverpflichtungen, WT. 1936, S. 148ff.).

Größer werden die Abweichungen bei der Berechnung der Rückstellungen für Versorgungsanwärter, weil dabei das Verfahren keine Rücksicht

Tab. 6.

Alter Jahre	Leibrente Jahre	mittlere Lebenserwartung Jahre	entsprechender Rentenbarwertfaktor Jahre	Unterschied Jahre	%
			a) Männer		
50	14,111	22,54	14,964	0,853	6,0
55	12,461	18,69	13,247	0,786	6,3
60	10,710	15,11	11,401	0,691	6,5
65	8,919	11,87	9,490	0,571	6,4
70	7,175	9,05	7,619	0,444	6,2
75	5,560	6,68	5,874	0,314	5,6
80	4,198	4,84	4,407	0,209	5,0
85	3,154	3,52	3,279	0,125	4,0
			b) Frauen		
50	14,671	23,85	15,492	0,821	5,6
55	13,025	19,85	13,792	0,767	5,9
60	11,236	16,07	11,922	0,686	6,1
65	9,360	12,60	9,940	0,580	6,2
70	7,521	9,58	7,984	0,463	6,2
75	5,849	7,09	6,189	0,340	5,8
80	4,434	5,15	4,662	0,228	5,1
85	3,303	3,70	3,438	0,135	4,1

auf die durch die Absterbeordnung bedingte Verringerung der Zahl der Lebenden nimmt. Praktisch ergibt sich aber auch in diesem Fall, weil die Abweichungen der Rückstellungen für das Ruhegehalt und die Witwenbezüge meist entgegengesetztes Vorzeichen haben, ein befriedigendes Ergebnis, wie die Anwendung des zweiten von Krause empfohlenen Verfahrens zeigt, welches ich unter Benutzung der Sterbetafel 1932 bis 1934 und eines Zinssatzes von 4% für die beiden gleichen Zahlenbeispiele vorführe:

b) Leibrenten-Verfahren. Unter Benutzung der Tab. 1—3 erhält man für die beiden Beispiele folgende Rechnung:

a) Leibrente des 66jährigen Mannes (Tab. 1) bei vorschüssiger Zahlung		9,064
bei nachschüssiger Zahlung		8,064
Bei Zahlung des Ruhegehalts in monatlichen vorschüssigen Teilbeträgen Kürzung der vorschüssigen Zahlung um 11/24 = 0,458, also 9,064 ·/. 0,458 = ...		8,606
		RM
Wert des Ruhegeldes von 12 000 RM/Jahr		103 272
Die Witwenrente errechnete sich als Unterschied zwischen der Leibrente einer 58jährigen Frau (Tab. 2)	12,466	
und der Verbindungsrente eines 66jährigen Mannes mit einer 58jährigen Frau (Tab. 3)	7,867	
zu	4,599	
Wert des Witwengeldes = 6000 · 4,599		27 594
Gesamtrückstellung		131 866

b) Bezogen auf den Zeitpunkt der Pensionierung des Mannes ist der Barwert der praenumerando monatlich zahlbaren Leibrente eines 65jährigen (Tab. 1)		9,419
		·/. 0,458
		8,961
		RM
für ein Ruhegeld von 20000 RM/Jahr also		179 220
Der Wert einer vorschüssigen Leibrente für eine 60-jährige Frau ist (Tab. 2)	11,736	
Der Wert der Verbindungrente eines 65jährigen Mannes mit einer 60jährigen Frau wird durch Einschalten aus Tab. 3 ermittelt und ist		
Mann 65 Jahre alt, Frau 4 Jahre jünger	7,756	
Mann 65 Jahre alt, Frau 8 Jahre jünger	8,210	
Mann 65 Jahre alt, Frau 5 Jahre jünger	7,869	
(die Tab. 5 gibt nur einen kurzen Auszug von umfangreichen Übersichten; benutzt man diese unmittelbar, so erhält man den genauen Wert 7,880) der Wert des Witwengeldes ist	11,736	
	·/. 7,869	
10 000 RM mal	3,867 =	38 670
Summe der Rückstellung zur Zeit der Pensionierung des Mannes		217 890

Die jährlich erforderliche Rückstellung (oder anders ausgedrückt, die 25 Jahre hindurch an eine Versicherungsgesellschaft zu zahlende Prämie) ergibt sich durch Multiplizieren dieses Wertes mit dem aus der Männertafel (Tab. 1) errechneten Ausdruck

$$\frac{D_{65}}{N_{40} - N_{65}}$$

$$\frac{4539{,}98}{296\,717{,}08 \;\cdot\!/.\; 42\,759{,}92} = \frac{4539{,}98}{253\,957{,}16} = 0{,}017\,876\,95$$

jährlich sind neben 4% Zinsen zurückzustellen 217 890 × 0,017 876 95 = 3895,20 RM.

Den Wert der in den ersten 20 Jahren der Dienstzeit angesammelten Rücklagen erhält man durch Multiplizieren mit dem der Männertafel entnommenen Ausdruck

$$\frac{N_{40} - N_{60}}{D_{60}} = \frac{296\,717{,}08 \;\cdot\!/.\; 70\,640{,}93}{6301{,}84} = \frac{226\,076{,}15}{6301{,}84} = 35{,}8746.$$

Als Wert der in 20 Jahren angesammelten Rücklagen ergibt sich 35,8746 mal 3895,20 RM = 139 739 RM.

c) Verfahren des Deutschen Sparkassen- und Giroverbandes. Der Deutsche Sparkassen- und Giroverband hat für die Wirtschaftsgruppe Sparkassen nach der Allgemeinen Deutschen Sterbetafel 1924 bis

1926 unter Zugrundelegung eines Zinssatzes von 4% Grundzahlen berechnet, welche in verhältnismäßig einfacher Weise die Berechnung der Prämien für das Ruhegeld eines Beamten und der jährlichen Rückstellung, weiterhin aber auch der Nachholung zunächst unterbliebener Rückstellungen gestatten. Die praktische Anwendung dieses Verfahrens unterblieb, weil inzwischen eine andere Lastenverteilung zwischen den Sparkassen und ihren Gewährsverbänden eintrat. Ich bringe in Tab. 7 diese auf Grund der Allgemeinen Deutschen Sterbetafel 1932—1934 neu berechneten Übersichten; ich nahm dabei die Jahresprämie als vorschüssig gezahlte Renten an.

Tab. 7. Vom Deutschen Sparkassen- und Girokassenverband entwickeltes Verfahren.

Alter des Berechtigten	Jährliche Zuweisung für 1 RM Ruhegeld		Kapitalisierter Barwert von 1 RM Jahresprämie		Alter des Berechtigten	Jährliche Zuweisung für 1 RM Ruhegeld		Kapitalisierter Barwert von 1 RM Jahresprämie	
Jahre	männlich RM.	weiblich RM.	männlich RM.	weiblich RM.	Jahre	männlich RM.	weiblich RM.	männlich RM.	weiblich RM.
25	0,0690	0,0764	19,20	19,36	45	0,2428	0,2648	12,98	13,17
26	0,0728	0,0806	18,98	19,15	46	0,2630	0,2866	12,54	12,72
27	0,0769	0,0851	18,76	18,93	47	0,2858	0,3111	12,09	12,26
28	0,0812	0,0898	18,53	18,70	48	0,3116	0,3387	11,62	11,79
29	0,0858	0,0949	18,28	18,46	49	0,3409	0,3701	11,13	11,30
30	0,0908	0,1003	18,03	18,21	50	0,3746	0,4060	10,63	10,79
31	0,0961	0,1061	17,77	17,96	51	0,4135	0,4471	10,11	10,27
32	0,1018	0,1124	17,50	17,69	52	0,4589	0,4958	9,57	9,72
33	0,1080	0,1191	17,22	17,41	53	0,5124	0,5527	9,01	9,15
34	0,1147	0,1264	16,93	17,13	54	0,5764	0,6205	8,44	8,56
35	0,1219	0,1342	16,63	16,85	55	0,6539	0,7026	7,84	7,94
36	0,1297	0,1427	16,32	16,52	56	0,7495	0,8038	7,21	7,31
37	0,1381	0,1519	16,00	16,20	57	0,8702	0,9312	6,56	6,64
38	0,1473	0,1619	15,67	15,87	58	1,0266	1,0963	5,88	5,95
39	0,1574	0,1728	15,32	15,52	59	1,2299	1,3180	5,17	5,22
40	0,1684	0,1847	14,96	15,17	60	1,5337	1,6302	4,42	4,46
41	0,1804	0,1977	14,60	14,80	61	1,9815	2,1011	3,64	3,66
42	0,1937	0,2120	14,21	14,41	62	2,7320	2,8897	2,81	2,83
43	0,2084	0,2279	13,81	14,01	63	4,2395	4,4731	1,93	1,94
44	0,2246	0,2454	13,40	13,60	64	8,7760	9,2364	1,00	1,00

Verteilung nachzuholender Rückstellungen:

Bei Verteilung auf	sind jährlich
10 Jahre	11,85 %
5 „	21,60 %

des nachzuholenden Betrags zusätzlich zurückzustellen.

Ein Beispiel mag den Gebrauch der Tab. 7 erläutern:

Ein Unternehmen beschäftigt seit 10 Jahren den jetzt 46 Jahre alten Angestellten Müller, dem nach der Vollendung des 65. Lebensjahres ein Ruhegehalt von 5000 RM zugesagt ist; Rückstellungen sind bislang nicht vorgenommen worden; welche Rückstellungen sind

a) nachzuholen?
b) künftig jährlich zu bilden?
c) wie hoch ist die Nachholung, wenn sie auf 5 Jahre verteilt wird?

Nach weiteren 8 Jahren wird das Ruhegehalt auf 6000 RM erhöht.

d) Welche Zusatzrückstellung ist einzusetzen?

Antwort: b) Nach Tab. 7 ist bei einem Eintrittsalter von 36 Jahren eine jährliche Zuweisung von 0,1297 RM für 1 RM Ruhegehalt erforderlich, also für 5000 RM 648,50 RM.

	RM
a) Da das Unternehmen Ruhegehaltsrückstellungen nicht gebildet hat, ist der Unterschiedsbetrag zwischen der Rückstellung für einen 46-jährigen Mann 5000 × 0,2630 . . . . =	1 315,00
und der vorhin berechneten Jahreszuweisung von	648,50
	666,50
mit dem Barwert gemäß der vorletzten Spalte der Tab. 7 zu vervielfachen, also mit 12,54; es sind	8 357,91
zurückzustellen oder	
c) 5 Jahre hindurch 21,60% dieses Betrages . . . . =	1 805,31
d) bei der Erhöhung des Ruhegehalts um 1000 RM ist Müller 54 Jahre alt; gemäß der ersten Spalte errechnet sich die Erhöhung der Rücklage auf 1000 · 0,5764	576,40
künftig betragen also die jährlichen Zuweisungen 648,50 + 576,40 . =	1 224,90

Bei der Benutzung der Tafeln des Deutschen Sparkassen- und Giroverbandes wird die Versorgungsrückstellung zum erstenmal an dem der Zuerkennung der Versorgungsberechtigung folgenden Bilanzstichtag und das letztemal an dem der Erreichung des 65. Lebensjahres oder dem Tode des Berechtigten vorangehenden Bilanzstichtage bedacht; dabei werden jährlich 4% Zinsen für den nach Abbuchung der verausgabten Ruhegehälter auf dem Konto für Versorgungsrückstellung zugeschrieben.

Das unter c besprochene Verfahren eignet sich nur zur Berechnung der in der Praxis nicht allzu häufigen Fälle, daß nur ein Ruhegehalt des Mannes vorgesehen ist, nicht aber auch für die Fälle, in denen eine Hinterbliebenenvorsorge (Witwen- und Waisengeld) vorgesehen ist.

d) Berücksichtigung vorzeitiger Berufsunfähigkeit. Schwieriger werden die Berechnungen für solche, in der Praxis überwiegenden Fälle, in denen Ruhegehälter nicht erst beim Erreichen eines bestimmten Alters, meist bei Vollendung des 65. Lebensjahres, sondern auch bereits vorher im Falle vorzeitiger Berufs- oder Arbeitsunfähigkeit gegeben werden. Meist werden die Ruhegelder in Prozentsätzen des Grundgehalts ausgedrückt. Diese Prozentsätze wachsen mit steigendem Dienstalter, meist mit einer den Ruhegeldbezügen der Beamten angepaßten Skala:

Wartezeit (ohne Ruhegelds- und Hinterbliebenenversorgungs-anspruch)		10 Jahre
Ruhegeld	35% nach	10 Jahren
Ansteigen um	2%/Jahr	15 Jahre hindurch, also
	37% nach	11 Jahren
	39% nach	12 Jahren
	....	....
	65% nach	25 Jahren

Das Ruhegeld steigt weiter 15 Jahre hindurch um jährlich 1% und erreicht

66% nach	26 Jahren
67% nach	27 Jahren
....	....
80% nach	40 Jahren.

Der Höchstsatz von 80% wird nur bei vorzeitiger Ruhestellung (vor Erreichen des Höchstalters) gezahlt und sinkt beim Erreichen des Alters 65 auf 75%; das Witwengeld beträgt in der Regel 60% des Ruhegeldes des Mannes, für minderjährige Kinder sind meist Bruchteile des Witwengeldes, die bei mehreren Kindern vielfach auf einen Höchstbetrag beschränkt sind, festgesetzt. Streng genommen müßte man für die Berechnung der Hinterbliebenenbezüge (Witwen- und Waisengeld) Tafeln für drei verbundene Leben benutzen; in der Praxis kann man bequem mit Tafeln für zwei verbundene Leben auskommen, indem man die Waisenrentenrückstellungen als zusätzliche Bruchteile der Witwengeldrückstellungen ansetzt. Dieses Verfahren rechtfertigt sich dadurch, daß zunächst einmal durchweg die Zahl der Kinder erheblich geringer ist als noch vor einem Menschenalter, und zum andern dadurch, daß die Dauer der Zahlung der Waisenrente auf eine kleine Zahl von Jahren beschränkt bleibt. Betragen die Waisenrenten 20% des Ruhegehalts des Mannes und können sie bis Vollendung des 21. Lebensjahres ausbezahlt werden, so kann z. B. näherungsweise die Belastung durch die Waisenrente bei

einem Kinde von Jahren	mit % der Witwenrente	einem Kinde von Jahren	mit % der Witwenrente
0	10½	.	.
1	10	.	.
2	9½	17	2
3	9	18	1½
4	8½	19	1
5	8	20	½
.	.		

angesetzt werden.

Recht schwierig sind bei genaueren Berechnungen die Wahrscheinlichkeiten, vorzeitig arbeitsunfähig zu werden, zu schätzen. Ältere aus der Vorkriegszeit stammende Tafeln, wie die von H. Zimmermann für das Nicht-Zugpersonal der Preußischen Eisenbahnbeamten, sind als überholt anzusehen. Der Wirklichkeit nahe kommt man durch Anlehnung an die Invaliditätswahrscheinlichkeiten, welche die Reichsversicherungsanstalt für Angestellte für ihre großen Bestände in den letzten Jahren errechnet hat. Bei sehr ins einzelne gehenden Rechnungen kann man unter Berücksichtigung des Umstandes, daß die Invaliditätszugänge namentlich der älteren Jahrgänge bis 1935 in erheblichem Maße durch die abnorme Höhe der Arbeitslosigkeit in den Jahren 1930—1935 ungünstig beeinflußt wurden, annehmen, daß von 100 Versicherten des Alters 20

beim Alter von Jahren	neu arbeitsunfähig werden %	insgesamt arbeitsunfähig geworden sind %	beim Alter von Jahren	neu arbeitsunfähig werden %	insgesamt arbeitsunfähig geworden sind %
30	1	1	55	2	14
36	1	2	56	2	16
40	1	3	57	3	19
43	1	4	58	3	22
46	1	5	59	4	26
48	1	6	60	4	30
50	1	7	61	5	35
51	1	8	62	5	40
52	1	9	63	5	45
53	1	10	64	5	50
54	2	12			

Für viele Berechnungen kann man die Zugänge zu noch größeren Gruppen zusammenfassen und dadurch die Formeln erheblich vereinfachen. Von einer Anweisung für die praktische Berechnung sehe ich hier ab, weil die umfangreichen Darlegungen den Rahmen dieser Schrift sprengen müßten.

III. Zusammenfassung.

So dankenswert bei kleinen Beständen versorgungsberechtigter Personen der Gebrauch von Näherungsverfahren ist, so dringend ist bei größeren Beständen oder beim Bedürfnis genauerer Feststellungen anzuraten, durch einen Fachmann eine einwandfreie versicherungsmathematische Berechnung durchführen zu lassen. Eine solche Berechnung braucht nicht jedes Jahr neu aufgestellt zu werden, sollte aber in regelmäßigen Zeitabständen, etwa von 5 zu 5 Jahren, überprüft werden. Die Praxis zeigt nämlich immer wieder, daß der wirkliche Ablauf von Sterbefällen, Ruhesetzungen, Heiraten und Geburten zuweilen stark von den aus Häufigkeitsaufstellungen ermittelten Wahrscheinlichkeitswerten abweicht.

2. Der ursprüngliche Text des Gutachtens Nr. 13/1933 sowie die durch die Beratungen in 1937 sich ergebende Abänderung bzw. Überarbeitung dieses Gutachtens.

a) Der ursprüngliche Text des Gutachtens[1].

Bilanzierung von Pensionslasten.

(§§ 40, 261a Abs. 1, B III, 262f. Abs. 1 HGB.)

1. Unbedingte Pensionsverpflichtungen. Pensionen, auf die der Dienstverpflichtete während seiner Tätigkeit bei der Gesellschaft einen

[1] Veröffentlicht im „WT" 1933 S. 273.

Rechtsanspruch erwirbt, sind vom Zeitpunkt des Erwerbs des Rechtsanspruchs ab Aufwand der Gesellschaft. Wie beispielsweise bei Mieten sind also nicht die Jahre zu belasten, in die die Zahlung fällt, sondern die Jahre der Gegenleistung, bei Pensionen also die Jahre der aktiven Dienstleistung seit Erwerb des Rechtsanspruchs. Da die Zahlungen erst nach dem Ausscheiden des Pensionsberechtigten einsetzen, sind während der aktiven Dienstzeit des Dienstverpflichteten Rückstellungen zu bilden. Die Summe dieser Rückstellungen am Tage des Ausscheidens muß so hoch sein, daß aus ihr alle Zahlungen geleistet werden können, die dem oder den Berechtigten bis zum Erlöschen der Berechtigung zustehen.

Über die Methoden zur Errechnung der erforderlichen Gesamtrückstellung und zur Verteilung dieser Summe auf die aktive Dienstzeit seit Erwerb des Rechtsanspruchs ist hier nicht zu sprechen. Hingewiesen sei nur auf den Gesichtspunkt, daß die Jahresrückstellungen grundsätzlich steigend sein sollen, wenn die Jahrespension mit den Dienstjahren steigt oder wenn sie sich nach den höchsten erreichten Arbeitseinkommen richtet.

2. Bedingte Pensionsverpflichtungen. Macht die Gesellschaft die Pensionszusage von Bedingungen abhängig, so ist die Notwendigkeit der Pensionsrückstellung und ihre Höhe nach dem Charakter dieser Bedingungen zu beurteilen. Sind die Bedingungen derart, daß sie mit Wahrscheinlichkeit die regelmäßige Pensionsauszahlung zur Folge haben werden, so ist wie im Falle 1 zu verfahren.

3. In Aussicht gestellte Pensionen. Wird dem Dienstverpflichteten eine Pension nur „gunstweise" in Aussicht gestellt, ohne daß er einen Rechtsanspruch erwirbt, so besteht zu einer Pensionsrückstellung keine Verpflichtung. Wird trotzdem ein Pensionspassivum gebildet, so hat es Rückstellungscharakter.

4. Pensionskassen mit einer gewissen Selbständigkeit gegenüber der Gesellschaft und mit Einlageverpflichtungen des Dienstverpflichteten. Hier sind die näheren Umstände zu erforschen; insbesondere ist die Satzung der Pensionskasse heranzuziehen. In der Regel wird für den Anteil der Gesellschaft einer der Fälle 1—3 zutreffen.

5. Übergangsregelung. Die vorstehenden Grundsätze sind noch nicht Allgemeingut der deutschen Unternehmungen geworden. Vielfach sind sie infolgedessen bisher nicht oder nicht ausreichend beachtet worden. Erst die Erfahrungen der letzten Jahre haben die Bedeutung dieser Fragen für den Jahresabschluß der Allgemeinheit zum Bewußtsein gebracht. Nach den Grundsätzen ordnungsmäßiger Buchführung müssen aber die Bilanzen berichtigt werden, sobald man den Fehler erkannt hat. Das bedeutet nachzuholende Rückstellungen neben den von jetzt ab laufend vorzunehmenden normalen Jahresrückstellungen. Die Nachholung der in der Vergangenheit unterlassenen Pensionsrückstellungen zu Lasten eines einzigen Jahres würde manchen Gesellschaften große Schwierigkeiten bereiten, und eine entsprechende Forderung des Wirtschaftsprüfers würde von ihnen in Anbetracht der bisher anderen Übung in der kaufmännischen Praxis als ungerechtfertigte Härte empfunden werden.

6. Bestätigungsvermerk. Unter Berücksichtigung dieser besonderen Umstände hält der Fachausschuß die Erteilung des Bestätigungsvermerks gemäß § 262f. HGB. auch dann für vertretbar, wenn die nachzuholende Rückstellung erst im Laufe einiger Jahre auf die erforderliche Höhe gebracht wird. Hierbei sollte jedoch ein Zeitraum von zehn Jahren auf keinen Fall überschritten werden. Voraussetzung für die Abgabe des Bestätigungsvermerks ist allerdings, daß der Betrag der nachzuholenden Rückstellung zumindest im Geschäftsbericht Erwähnung findet, falls nicht entweder in der Bilanz die nachzuholende Rückstellung gezeigt und ein aktives, in längstens 10 Jahren abzuschreibendes Gegenkonto gebildet wird oder zu der ausgewiesenen Rückstellung ein Vermerk über den noch nachzuholenden Betrag gemacht wird.

b) Neufassung des Gutachtens.

Bilanzierung von Pensionsverpflichtungen.

(§ 40 HGB., §§ 131 Abs. 1 B IV, 128 Abs. 1, Abs. 2, Ziff 7, 140 AktG.)

1. Rechtsverbindliche Pensionsverpflichtungen. Pensionen, auf die der Dienstverpflichtete während seiner Tätigkeit bei der Gesellschaft einen Rechtsanspruch erwirbt, sind vom Zeitpunkt des Erwerbs des Rechtsanspruches ab Aufwand der Gesellschaft. Wie beispielsweise bei Mieten sind also nicht die Jahre zu belasten, in die die Zahlung fällt, sondern die Jahre der Gegenleistung, bei Pensionen also die Jahre der aktiven Dienstleistung seit Erwerb des Rechtsanspruchs. Da die Zahlungen erst nach dem Ausscheiden des Pensionsberechtigten einsetzen, sind während der aktiven Dienstzeit des Dienstverpflichteten Rückstellungen zu bilden. Die Summe dieser Rückstellungen am Tage des Ausscheidens muß *theoretisch* so hoch sein, daß aus ihr alle Zahlungen geleistet werden können, die dem oder den Berechtigten bis zum Erlöschen der Berechtigung zustehen.

Über die Methoden zur Errechnung der erforderlichen Gesamtrückstellung und zur Verteilung dieser Summe auf die aktive Dienstzeit seit Erwerb des Rechtsanspruchs ist hier nicht zu sprechen. Hingewiesen sei nur auf den Gesichtspunkt, daß die Jahresrückstellungen grundsätzlich steigend sein sollen, wenn die Jahrespension mit den Dienstjahren steigt oder wenn sie sich nach den höchsten erreichten Arbeitseinkommen richtet.

2. Bedingte Pensionsverpflichtungen. Macht die Gesellschaft die Pensionszusage von Bedingungen abhängig, *die entweder für die Person des Berechtigten außer der befristeten Dienstverpflichtung noch weitere Voraussetzungen oder bestimmte Verhältnisse des Unternehmens für die Rechtsgültigkeit oder Höhe der*

Pension festlegen, so ist die Notwendigkeit der Pensionsrückstellung und ihre Höhe nach dem Charakter dieser Bedingungen zu beurteilen. Sind die Bedingungen derart, daß sie mit größter Wahrscheinlichkeit die regelmäßige Pensionsauszahlung zur Folge haben werden, so ist wie im Falle 1 zu verfahren.

3. In Aussicht gestellte Pensionen. Wird dem Dienstverpflichteten eine Pension nur „gunstweise" in Aussicht gestellt, ohne daß er einen Rechtsanspruch erwirbt, so besteht zu einer Pensionsrückstellung keine Verpflichtung. Wird trotzdem ein Pensionspassivum gebildet, so hat es ebenfalls Rückstellungscharakter, soweit eine Inanspruchnahme regelmäßig und in größerem Umfange erfolgt. Findet eine nennenswerte Inanspruchnahme dagegen nicht statt, so empfiehlt sich der Ausweis unter Rücklagen, nach Möglichkeit als Sonderposten.

4. Pensionskassen mit einer gewissen Selbständigkeit gegenüber der Gesellschaft und mit Einlageverpflichtungen des Dienstverpflichteten. Hier sind die näheren Umstände zu erforschen; insbesondere ist die Satzung der Pensionskasse heranzuziehen. In der Regel wird für den Anteil der Gesellschaft einer der Fälle 1—3 zutreffen; die besonderen steuerrechtlichen Fragen der Pensionskassen sind hier nicht zu erörtern.

5. Grundsätze für die bilanzrechtliche Beurteilung und die Erteilung des Bestätigungsvermerks. Die Passivierungspflicht von unkündbaren und unwiderruflichen Pensionszusagen eines Privatunternehmens gegenüber Angehörigen seiner Gefolgschaft oder Organen des Unternehmens ergibt sich nicht unmittelbar aus dem Wortlaut des Gesetzes, sie ergibt sich jedoch aus den im Gesetz als Generalregel genannten Grundsätzen ordnungsmäßiger Buchführung und Bilanzierung, weil die Notwendigkeit der Passivierung laufender Pensionsverpflichtungen in der begründeten Praxis sorgfältiger Wirtschaftsunternehmen grundsätzlich bejaht wird. Die Entscheidung über die zur Errechnung der Pensionsrückstellungen anzuwendenden Methoden bleibt offen, d. h. dem pflichtgemäßen Ermessen unter Berücksichtigung aller Voraussetzungen und Zusammenhänge des Einzelfalles vorbehalten. Bei früher übernommenen und nicht durch Bilanzrückstellungen gedeckten Pensionsverpflichtungen kann bei schwerwiegenden wirtschaftlichen Bedenken im Einzelfalle von diesen Grundsätzen abgewichen werden, wenn der gänzliche oder teilweise Verzicht auf die Passivierung unter Hinweis auf den geschätzten Fehlbetrag der Rückstellungen im Geschäftsbericht erwähnt wird.

Das bedeutet: Für die Gegenwart und die Zukunft wird die Passivierungspflicht bejaht bzw. ein entsprechender Grundsatz ordnungsmäßiger Buchführung als in der Entwicklung der letzten Jahre entstanden angenommen. In diesem Zusammenhang ist auch auf die Stellungnahme des Reichsaufsichtsamts für Privatversicherung[1] hinzuweisen. Für die Vergangenheit dagegen bzw. für die Nachholung früher unterlassener Rückstellungen wird bei schwerwiegenden wirtschaftlichen Bedenken im Einzelfalle an Stelle der Passivierungspflicht eine Publizitätspflicht durch entsprechende Mitteilungen im Geschäftsbericht angenommen.

Die gesperrt gedruckten Worte sind neu hinzugefügt bzw. abgeändert. Ferner ist vollständig neu Nr. 5 an Stelle von Nr. 5 und 6 im alten Fachgutachten.

3. Rundschreiben des Reichsaufsichtsamts für Privatversicherung, Berlin, vom 30. Dezember 1937 betr. die Bilanzierung von Pensionsverpflichtungen.

Das Reichsaufsichtsamt für Privatversicherung hat mit Rundschreiben vom 30. Dezember 1937 (Tgb.-Nr. A III 1502) an alle größeren, der Aufsicht des Amtes unterstehenden inländischen Versicherungsunternehmen folgende Anweisung gegeben:

„Die Versicherungsunternehmungen sind in der Vorkriegszeit ihren Gefolgschaftsmitgliedern gegenüber nur in vereinzelten Fällen Pensionszusagen eingegangen. Wir sahen uns daher nur einmal veranlaßt — vgl. Veröffentlichungen des Reichsaufsichtsamts für Privatversicherung 1906 S. 97 —, zu der Frage der Bilanzierung von Pensionsverpflichtungen Stellung zu nehmen. Nach dem Kriege, insbesondere aber in den letzten Jahren, sind die Unternehmungen mehr und mehr dazu übergegangen, ihren Gefolgschaftsmitgliedern im zivilrechtlichen Sinne bindende, unkündbare und unwiderrufliche Pensionszusagen zu machen. Demzufolge hat das Institut der Wirtschaftsprüfer sich schon seit einiger Zeit damit befaßt, die bisher nicht eindeutig geklärte Frage eingehend zu prüfen, ob und wie derartige Pensionsverpflichtungen zu bilanzieren sind.

Nachdem sich das Institut bereits im Jahre 1933 in einem Gutachten für die Bilanzierungspflicht der Pensionsverpflichtungen ausgesprochen hatte, ist die Frage auf Grund weiterer von Mitgliedern des Instituts eingeholter Gutachten am 3. Juni 1937 im ‚Großen Fachrat' des Instituts beraten worden. Die Beratungen führten zu folgender Stellungnahme des ‚Großen Fachrates':

‚Die Passivierungspflicht von unkündbaren und unwiderruflichen Pen-

[1] Vgl. Rundschreiben des Reichsaufsichtsamts für Privatversicherung vom 30. Dezember 1937 (s. unten).

sionszusagen eines Privatunternehmens gegenüber Angehörigen seiner Gefolgschaft oder Organen des Unternehmens ergibt sich nicht unmittelbar aus dem Wortlaut des Gesetzes, sie ergibt sich jedoch aus den im Gesetz als Generalregel genannten Grundsätzen ordnungsmäßiger Buchführung und Bilanzierung, weil die Notwendigkeit der Passivierung laufender Pensionsverpflichtungen in der begründeten Praxis sorgfältiger Wirtschaftsunternehmen grundsätzlich und allgemein bejaht wird. Die Entscheidung über die zur Errechnung der Pensionsrückstellungen anzuwendenden Methoden bleibt (wie auch schon in dem Gutachten 13/1933) offen, d. h. dem pflichtgemäßen Ermessen unter Berücksichtigung aller Voraussetzungen und Zusammenhänge des Einzelfalles vorbehalten. Bei früher übernommenen und nicht durch Bilanzrückstellungen gedeckten Pensionsverpflichtungen kann bei schwerwiegenden wirtschaftlichen Bedenken im Einzelfalle von diesen Grundsätzen abgewichen werden, wenn der gänzliche oder teilweise Verzicht auf die Passivierung unter Hinweis auf den geschätzten Fehlbetrag der Rückstellungen im Geschäftsbericht erwähnt wird.'

Diese Stellungnahme entspricht der von uns vertretenen Auffassung. Wir schließen uns daher der Ansicht des ‚Großen Fachrates' im Institut der Wirtschaftsprüfer an und erwarten von den von uns beaufsichtigten Versicherungsunternehmungen, das sie die von ihnen eingegangenen und sie zivilrechtlich verpflichtenden Pensionszusagen der vorbezeichneten Stellungnahme entsprechend bilanzieren.

Das beiliegende Zweitstück dieses Rundschreibens ersuchen wir Ihrem Abschlußprüfer auszuhändigen.

gez. Dr. Widmann."

Literaturverzeichnis.

Das nachstehende Literaturverzeichnis erhebt keinen Anspruch auf Vollständigkeit, es soll nur auf einige Veröffentlichungen aus den letzten drei Jahren hinweisen, die für die Beurteilung der Bilanzierung und der allgemeinen Entwicklung von Pensionszusagen bei privaten Unternehmungen von Bedeutung sind. Wegen des sonstigen Schrifttums zur Pensionsfrage und wegen der Veröffentlichungen aus früheren Jahren sei auf die sehr ausführliche Zusammenstellung in dem nachstehend auch aufgeführten Buch von Krause hingewiesen.

Altersfürsorge im Sozialbericht (der AG.). Soz. Prax. 1937 S. 1299ff.

Balzer, R.: Genormte Gefolgschaftsversicherungen, Utopien oder Wirklichkeit? Neumanns Z. f. Vers.-Wes. 1937 S. 920ff. u. S. 948ff.

Closterhalfen, C.: Zur Berechnung von Pensionsverpflichtungen. Wirtsch.-Treuh. 1936 S. 148ff.

Delgmann, RR. Dr.: Zur Behandlung von Pensionslasten in der steuerlichen Erfolgsbilanz. Ind. u. Steuer 1936 I S. 247ff.

Denecke: Ruhegeldansprüche im Konkurse. Dt. Arbeitsrecht 1937 S. 74ff.

Denk, J.: Zusätzliche Altersversorgung der Gefolgschaft, Dtsche. Z. f. Wohlfahrtspflege 1938 S. 65 ff.

Fricke, Dr. W.: Bilanzierung von Pensionslasten. Öffentl.-rechtl. Vers. 1934 S. 178ff.

Koehler, Dr. H.: Pensionsverpflichtungen und Steuerbilanz. Wirtsch.-Treuh. 1936 S. 432 ff.

Kratz, ObRR. Dr.: Rücklagen, Rückstellungen und Wertberichtigungsposten. Dtsch. Steuer-Ztg. 1936 S. 1235ff.

Krause, Dr. A.: Grundsätze ordnungsmäßiger Bilanzierung für Pensionsverpflichtungen. Leipzig: G. A. Gloeckner 1935. (Veröffentl. der Schmalenbachvereinigung Bd. 3.)

Kriesen L.: Der Reichsfinanzhof zur Auflösung und Steuerpflicht von Wertberichtigungskonten und zur Bilanzierung von Pensionsverpflichtungen. Bl. f. Genossensch.-Wes. 1938 S. 104ff.

Lengyel: Die Bilanzen der Versicherungsunternehmungen. 2. Aufl. Eine Bilanzlehre und eine Bilanzanalyse. Berlin 1927.

Mahn, K.: Die steuerliche Behandlung der Pensionskassen und Pensionsrückstellungen. Steuerwarte 1937 S. 197ff.

Merker, Dr. K.: Die steuerliche Behandlung der Pensionskassen kaufmännischer Unternehmungen. Prakt. Betriebswirt 1937 S. 751ff.

— Die Zukunftsicherung der Gefolgschaft. Pensionsverpflichtungen in betriebswirtschaftlicher und einkommensteuerlicher Beleuchtung. Prakt. Betriebswirt 1937 S. 402ff.

— Die Zukunftsicherung der Gefolgschaft und ihre steuerliche Behandlung. Berlin: Dtsch. Betriebswirte-Verlag KG. Böhme & Co. 1938.

Mirre, Geh. Reg.-Rat: Behandlung von Pensionsbelastungen. Steuer u. Wirtsch. 1935 I Sp. 1336.

— Behandlung von Pensionsverpflichtungen. Steuer u. Wirtsch. 1937 I Sp. 447ff.

— Zur Behandlung von Pensionsverpflichtungen. Steuer u. Wirtsch. 1938 I Sp. 117.

Parthier, H.: Besonderes zur Technik der Pensionsversicherung. Neumanns Z. f. Vers.-Wesen 1938 S. 221ff.
Passow: Die Bilanzen der öffentlichen und privaten Unternehmungen. Leipz. u. Berlin 1918.
Richter, M.: Der Anspruch auf Ruhegeld im Arbeitsrecht. Würzburg 1937 (Leipz. Diss.).
Schmitt, W.: Der Pensionsanspruch der Angestellten gegen den Arbeitgeber. Urach 1936.
Severin, Dr.: Ruhegehaltsverpflichtungen in Bilanz und Steuer. Rechtsspiegel der Wirtschaft 1938 S. 131ff.
Skrodzki, Dr. B.: Möglichkeiten der betrieblichen Altersfürsorge. (Veröffentlich. der Steuerabteilung der Reichsgruppe Industrie.) Berlin: Verlag d. Reichsgr. Industrie 1937.
Susat: Bilanzierung von Pensionslasten. Wirtsch.-Treuh. 1935 S. 73f.
Vangerow, Reg.-Rat Dr.: Ruhegehalts-, Renten- und Gewinnbeteiligungslasten. Dtsch. Steuer-Ztg. 1936 S. 1510ff.
Voigt, Dr. A.: Grenzen bilanzmäßiger Vermögensdarstellung. Aufgezeigt an dem Beispiel der Passivierung von Pensionsverpflichtungen. Steuer u. Wirtsch. 1935 I Sp. 1285ff.
Wuth, Dr. K.: Bei Nichtanerkennung einer steuerfreien Pensionskasse abzugsfähige Rückstellungen. Ind. u. Steuer I 1937 S. 150f.
Zeine, Dr. P.: Die steuerliche Behandlung der Pensions-, Witwen- und Waisenkassen. Berlin: Verlag Neumanns Z. f. Vers.-Wes. 1935.
— Die steuerliche Behandlung der Lebens- und Pensionsversicherung in den neuen Steuergesetzen. Berlin: Verlag Neumanns Z. f. Vers.-Wesen 1935.
— Zur Pensionsversorgung leitender Angestellter. Berlin: Verlag Neumanns Z. f. Vers.-Wesen 1936.
— Pensionsversorgung der Gefolgschaft. Berlin: Verlag Neumanns Z. f. Vers.-Wesen 1937.
Ziegler, D., Dipl.-Kfm.: Bilanzierung von Pensionslasten und Abfindungsverträgen in Handels- und Steuerbilanzen. Z. f. Betr.-Wirtsch. 1937 S. 299ff. und S. 419ff.
Zusätzliche Gefolgschaftsversicherung. Hrgb. v. der Deutschen Arbeitsfront Zentralbüro, Sozialamt. Berlin: Verlag d. DAF. GmbH. 1938.

Sachverzeichnis.

GPSR Compliance

The European Union's (EU) General Product Safety Regulation (GPSR) is a set of rules that requires consumer products to be safe and our obligations to ensure this.

If you have any concerns about our products, you can contact us on ProductSafety@springernature.com

In case Publisher is established outside the EU, the EU authorized representative is:

Springer Nature Customer Service Center GmbH
Europaplatz 3
69115 Heidelberg, Germany

Batch number: 10844827

Printed by Printforce, the Netherlands